Anatolia Antigua

Una Fascinante Guía de las Antiguas Civilizaciones de Asia, Incluyendo los hititas, los arameos, los luvitas, los neoasirios, los cimerios, los escitas, los persas, los romanos y más

© Copyright 2020

Todos los derechos reservados. Ninguna parte de este libro puede ser reproducida de ninguna forma sin el permiso escrito del autor. Los revisores pueden citar breves pasajes en las reseñas.

Descargo de responsabilidad: Ninguna parte de esta publicación puede ser reproducida o transmitida de ninguna forma o por ningún medio, mecánico o electrónico, incluyendo fotocopias o grabaciones, o por ningún sistema de almacenamiento y recuperación de información, o transmitida por correo electrónico sin permiso escrito del editor.

Si bien se ha hecho todo lo posible por verificar la información proporcionada en esta publicación, ni el autor ni el editor asumen responsabilidad alguna por los errores, omisiones o interpretaciones contrarias al tema aquí tratado.

Este libro es solo para fines de entretenimiento. Las opiniones expresadas son únicamente las del autor y no deben tomarse como instrucciones u órdenes de expertos. El lector es responsable de sus propias acciones.

La adhesión a todas las leyes y regulaciones aplicables, incluyendo las leyes internacionales, federales, estatales y locales que rigen la concesión de licencias profesionales, las prácticas comerciales, la publicidad y todos los demás aspectos de la realización de negocios en los EE. UU., Canadá, Reino Unido o cualquier otra jurisdicción es responsabilidad exclusiva del comprador o del lector.

Ni el autor ni el editor asumen responsabilidad alguna en nombre del comprador o lector de estos materiales. Cualquier desaire percibido de cualquier individuo u organización es puramente involuntario.

Índice

INTRODUCCIÓN 1
CAPÍTULO 1 - EL IMPERIO HITITA...3
CAPÍTULO 2 - LA CONFEDERACIÓN ARAMEA 14
CAPÍTULO 3 - LOS LUVITAS 18
CAPÍTULO 4 - EL IMPERIO NEOASIRIO 38
CAPÍTULO 5 - LOS CIMERIOS 62
CAPÍTULO 6 - LOS ESCITAS 68
CAPÍTULO 7 - LOS PERSAS 78
CAPÍTULO 8 - EL IMPERIO SELÉUCIDA Y LOS ROMANOS EN ANATOLIA 98
CONCLUSIÓN..105
BIBLIOGRAFÍA..107

Introducción

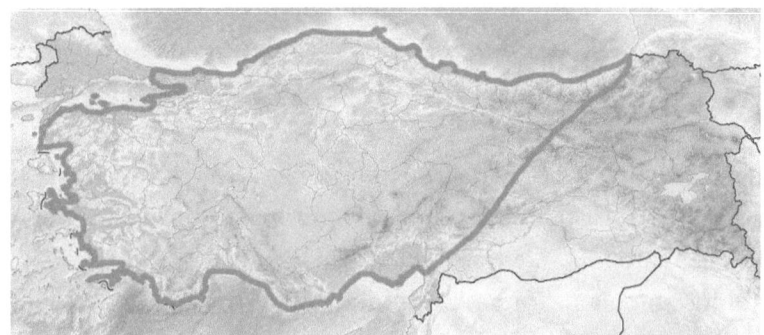

Mapa de Anatolia

Lo que despierta la curiosidad en la mente de los amantes de la historia sobre la Antigua Anatolia, la cual representa la mayor parte de la actual Turquía, es la diversidad de sus pueblos al interior de sus territorios y a lo largo del tiempo. Este libro trata de presentar el punto de vista más actual sobre los acontecimientos que se desarrollaron a través de los siglos de la Edad de Bronce y la Edad de Hierro en Anatolia. El lector puede descubrir el surgimiento de algunos de los imperios más famosos del mundo, así como conocer las circunstancias que llevaron a su caída. Desde los primeros asentamientos de tribus nómadas hasta la creación de vastos imperios, Anatolia cambió de cara numerosas veces a lo largo de la historia. No solo los territorios y reinos cambiaron, sino también los pueblos que ahí habitaban, en cuanto a su idioma, cultura y religión.

Aunque se enfrenten a una falta de pruebas sobre ciertos períodos o pueblos de la Antigua Anatolia, los historiadores tratan de pintar con precisión un panorama de la vida en todos los diversos reinos de

Anatolia. Este libro acompaña al Imperio hitita en su ascenso y caída. Relata la historia de los arameos y la influencia de su cultura en el mundo civilizado, así como la influencia de los luvitas y su dispersión por toda Anatolia. Aunque nunca fueron capaces de organizar un Imperio luvita unido, influenciaron todos los reinos con los que tuvieron contacto. La influencia de esta antigua civilización aún se puede sentir hoy en día, ya que ciertos dialectos del idioma luvita aún existen en Anatolia.

Además, este libro sigue el surgimiento de uno de los mayores imperios de la Edad de Hierro, el Imperio neoasirio. El lector conocerá los logros de los reyes y generales asirios y las decisiones que tomaron y que llevaron a su caída. El vacío de poder que quedó tras la caída del Imperio asirio fue llenado con las hazañas de los cimerios y escitas, pueblos nómadas que lucharon por su derecho a existir en Anatolia.

No obstante, la historia no termina con ellos. Otro gran imperio de la Edad de Hierro, el Imperio persa, también expandió sus territorios a través de Anatolia. Este libro tratará sobre la dinastía Aqueménida y presentará al lector a Jerjes el Grande, que luchó en la famosa batalla de las Termópilas, donde 300 espartanos, entre otros, perdieron la vida defendiendo a toda Grecia.

El final del libro está reservado a los romanos y a su propia influencia en los reinos de Anatolia, ya que su política condujo gradualmente a la creación de nuevos territorios, territorios antes conocidos como grandes imperios, pero que luego fueron reducidos a ser provincias de Roma.

La antigua Anatolia era tan diversa en su paisaje como en las culturas que la habitaban, desde las regiones montañosas perfectas para las tribus nómadas y sus rebaños hasta los ricos valles de los ríos que eran las tierras fértiles para el nacimiento de grandes civilizaciones. Anatolia es rica en descubrimientos arqueológicos, sin embargo, el esfuerzo humano por levantar el velo misterioso que la rodea aún sigue vigente.

Capítulo 1 – El Imperio Hitita

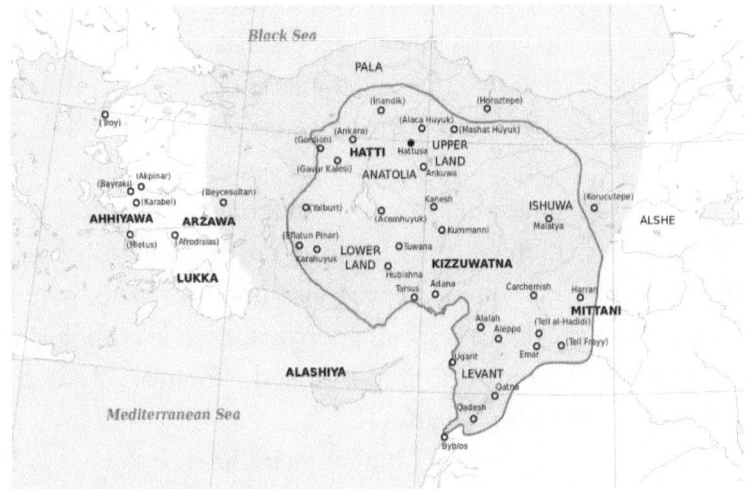

Mapa del Imperio hitita en su mayor extensión, alrededor de 1350 a 1300 a. C., representado por la línea verde

El nombre "hitita" se refiere a los habitantes de la Anatolia central y septentrional. Esta tierra se llamaba Hatti, y fue mencionada incluso en la Biblia. Aún se desconoce dónde se encuentra el origen del pueblo hitita, pero se sabe que llegaron a Anatolia antes del 2000 a. C. Se especula que vinieron de las tierras alrededor del mar de Azov en la actual Ucrania debido a las similitudes con el lenguaje indoeuropeo.

La llegada de los hititas a Anatolia fue intrusiva para la cultura nativa de allí, ya que los hititas trajeron elementos indoeuropeos con ellos. Se desconoce si los medios de esta intrusión se debieron a la conquista o a la asimilación gradual de los nativos en la nueva cultura de los hititas recién llegados.

Durante varios siglos después de su llegada, hubo algunas dificultades para establecer una sola nación. Grupos separados de hititas se centraban alrededor de algunas ciudades importantes, y se necesitaba un fuerte liderazgo para reunir a estos grupos a fin de conquistar una gran parte de Anatolia central y establecer un reino con su capital, la cual se conocería como Hattusa.

El imperio fue fundado por el rey Labarna I, probablemente a principios de 1600 a. C. Las únicas fuentes originales que tenemos de este período provienen de copias de tabletas del siglo XVII a. C. Las copias son de origen acadio y fueron hechas en los siglos XIV y XIII a. C.; por lo que parte de la información sigue siendo poco clara. Se desconoce si el fundador del Imperio hitita fue en realidad Labarna I o Hattusili I, que también tenía Labarna en su nombre, ya que este nombre se usaba como título. Algunos historiadores piensan que estas dos figuras son en realidad la misma persona, pero la cronología hitita trata a Labarna I como el predecesor de Hattusili I, que sería entonces conocido como Labarna II.

Labarna I es considerado el fundador tradicional del Viejo Reino hitita, y su esposa era conocida solo por su título de "tawananna". Este título era transmitido a una nueva reina tras la muerte de la actual. De este modo, ni siquiera la esposa de un sucesor obtendría el título mientras viviera la antigua reina. Esto significa que, si la tawananna moría antes que el rey, el título era transmitido a su hija o a la nueva esposa del rey. La tawananna tenía el deber de gobernar el reino mientras el rey estaba ausente, normalmente luchando en batallas. También era una alta sacerdotisa del imperio, y el rey era considerado como el sumo sacerdote. Se sabe muy poco sobre el rey Labarna I, aparte del hecho de que él estableció el gobierno del Imperio hitita hasta los primeros años de la Edad de Hierro.

Hattusili I es recordado por sus campañas militares que expandieron el reino. Él conquistó las áreas al sur y al norte de Hattusa, y también llevó sus ejércitos al oeste, a las tierras de Arzawa

(Anatolia occidental), y al sureste en el reino sirio de Yamhad. Pero solo su sucesor y nieto, Mursili I, logró terminar con éxito la campaña en Siria. En 1595 a. C., Mursili I saqueó Alepo, que era en ese momento la capital del reino Yamhad. Durante el mismo año, llevó a su ejército por el río Éufrates y conquistó Mari (situada en la actual Siria) y Babilonia. También saqueó la ciudad de Babilonia en 1531 a. C. En lugar de unir Babilonia al Imperio hitita, Mursili I eligió dar el control de la misma a sus aliados casitas, que la gobernarían durante más de 500 años. Pero los desacuerdos internos en el estado hitita hicieron que Mursili se retirara con su ejército. Los años restantes del siglo XVI a. C. estuvieron llenos de disputas dinásticas y de la guerra con sus vecinos del este, los hurritas. Mursili fue asesinado poco después de retirarse de sus conquistas, y este evento marcó un período de caos en el Imperio hitita. Los hurritas, el pueblo que vivía a lo largo de los ríos Tigris y Éufrates, aprovecharon la oportunidad y conquistaron Alepo y sus alrededores. También conquistaron la parte costera de Adaniya y la rebautizaron como Kizzuwatna.

Hay muy poca evidencia de lo que sucedió después de estos eventos dentro del propio Imperio hitita. Se considera que después de un liderazgo fuerte vino una serie de otros débiles, y este patrón de conquistar y perder tierras se repitió varias veces durante los siguientes 500 años del Viejo Reino. La estructura de la realeza hitita puede ser la razón por la cual este patrón ocurrió tan frecuentemente. El rey no era considerado como un dios viviente por sus súbditos, más bien como el primero entre iguales. Sin embargo, entre el 1400 a. C. y el 1200 a. C., los reyes se hicieron más fuertes y centralizaron su poder.

El siguiente rey prominente del Viejo Reino fue Telipinu, que reinó desde alrededor de 1525 hasta 1500 a. C. Poco después de tomar el trono, su hijo y su esposa fueron asesinados por sus rivales. Inicialmente, los asesinos fueron sentenciados a muerte; sin embargo, el nuevo rey quiso poner un fin a las disputas internas, por lo que decidió exiliar a los asesinos y a sus rivales en lugar de sentenciarlos a muerte. En los años siguientes, Telipinu se alió con los hurritas de

Kizzuwatna y, con su ayuda, recuperó algunas de las antiguas tierras hititas. Este rey es conocido sobre todo por redactar el decreto de Telipinu, que estableció las leyes de sucesión al trono. Hasta este punto, las leyes eran vagas, y el Imperio hitita tenía constantes conflictos entre las ramas sur y este de la familia real. El decreto era claro en cuanto a que el hijo primogénito debería ser siempre el sucesor. En caso de su prematura muerte, el segundo hijo sucedería al trono. Si un rey no tenía hijos, el marido de una hija se convertiría en rey. Sin embargo, después de la muerte de Telipinu, el Imperio hitita entró en lo que se conoce como la "edad oscura", que duraría aproximadamente setenta años. Los historiadores no saben exactamente por qué ocurrió esto, ya que no tienen ninguna fuente de donde sacar conclusiones significativas.

Con la muerte de Telipinu en 1500, el Viejo Reino dejó de existir, y comenzó un período conocido como el Reino Medio. En este período, los hititas estaban bajo constante ataque, principalmente de los kaskas, que se asentaron a lo largo de la costa del mar Negro. Durante este período, los hititas tuvieron que desplazar su capital, primero a Sapinuwa y luego a Samuha. Durante el Reino Medio, los hititas desarrollaron habilidades de política internacional y diplomacia. Los hititas fueron el primer pueblo conocido que practicaba la creación de alianzas y la realización de tratados. Durante este período, la religión hitita sufrió algunos cambios, adoptando varios nuevos dioses y rituales de sus vecinos hurritas.

Con el rey Tudhaliya I a principios del siglo XIV a. C., los hititas entraron en otro período conocido como el Nuevo Reino. Durante este tiempo, se hicieron otros cambios en el reino, y los reyes se volvieron más poderosos, imponiéndose como siendo más que humanos. La gente empezó a referirse a ellos como "mi Sol". Este es también el período en que los reyes tomaron el papel de sumos sacerdotes, y comenzaron a realizar festivales y visitas anuales a los lugares sagrados. Tudhaliya I expandió el reino hacia el oeste, invadiendo el territorio de Arzawa, derrotando también a los hurritas en sus estados de Alepo y Mitani. Pero después de su muerte, un último período de debilidad llegó cuando los hititas perdieron la mayor parte de sus tierras, incluso con Hattusa siendo atacada.

Sin embargo, con el rey Suppiluliuma I, el Imperio hitita recuperó su antigua gloria. El rey era hijo de Tudhaliya II y de la reina Daduhepa, y gobernó entre 1344 y 1322 a. C. Suppiluliuma era famoso por ser un guerrero y estadista competente, y es conocido por desafiar al Imperio egipcio que dominaba Asia Menor en ese momento. Suppiluliuma I se vinculó a los estados vecinos al casar a su hermana con el rey de Hayasa y a su hija con el rey del estado Arzawa de Mira. Él mismo se casó con una princesa babilónica llamada Malignal, obteniendo así el control del territorio de Arzawa. Una de las fuentes menciona a la primera esposa de Suppiluliuma, la reina Henti, que fue exiliada por su marido para que él pudiera casarse con la princesa babilónica en beneficio del estado. Esta reina Henti es considerada la madre de todos los hijos que tuvo el rey Suppiluliuma. Suppiluliuma salió victorioso en la guerra contra el reino hurrita de Mitani, el cual convirtió en un estado cliente, entregándoselo a su propio yerno, Shattiwazza.

En ese momento, en Egipto, el faraón Akenatón lideraba un gobierno agitado. Suppiluliuma I aprovechó la oportunidad y tomó el control de Amurru, un territorio egipcio en Siria. En realidad, esto no se logró mediante la guerra sino por la decisión del gobernante de Amurru de unirse a los hititas en lugar de derramar sangre en el campo de batalla. Este evento fue suficiente para desestabilizar a los reinos vasallos de Egipto e incitar a las revueltas. Suppiluliuma I era tan fuerte que incluso la reina egipcia de Tutankamón, que acababa de morir, le envió una carta pidiéndole que mandara a uno de sus hijos a Egipto para casarse con ella y gobernar como rey. Ella hizo esto para evitar casarse con un simple "sirviente del reino", el cual podía ser el general egipcio Horemheb o Ay, el visir de Tutankamón. Suppiluliuma envió embajadores para investigar la veracidad de la carta, y tras su confirmación, envió a su hijo Zannanza a Egipto, quien desafortunadamente murió en su camino. Esta alianza matrimonial con Egipto nunca se produjo, y Suppiluliuma intercambió cartas furiosas con el nuevo faraón de Egipto, Ay, a quien Suppiluliuma culpó por la muerte de Zannanza. Poco después, Suppiluliuma I murió de la plaga, la que, según muchos, fue introducida en el Imperio hitita por los esclavos egipcios.

Suppiluliuma I fue sucedido por su hijo mayor, Arnuwanda II, en 1322, que, como su padre, pronto murió de la plaga. Después de él, el trono fue ocupado por Mursili II, su hermano menor, que gobernó entre 1321 y 1295 a. C. A principios de su reinado, Mursili II enfrentó varias rebeliones de su propio pueblo, así como el desprecio de sus enemigos. Las rebeliones más graves se produjeron en las regiones montañosas de Anatolia, iniciadas por los kaskas, y en el suroeste de Asia Menor, en el Reino de Arzawa. La opinión general era que Mursili II era un gobernante inexperto que solo se convirtió en rey por la muerte de su hermano. Aunque era joven, no era un niño. Tenía dos hermanos mayores que habrían heredado el trono si Mursili no tuviera la edad adecuada para gobernar por sí mismo. Sus hermanos servían como virreyes de Karkemish y Alepo.

En el área de las campañas militares y de la diplomacia, Mursili demostró ser más que competente. Aseguró las fronteras del norte de su reino, ya derrotando a los kaskas en los dos primeros años de su reinado. Inmediatamente después, tuvo que luchar contra Unha-ziti, el rey de Arzawa, en el oeste, quien trataba de separar a los hititas de sus aliados. Mursili también atacó una ciudad llamada Milawata, que más tarde sería conocida como Mileto. Los anales que sobreviven de la época de Mursili son reveladores, pues muestran que hubo un eclipse solar en el décimo año de su reinado, y fue considerado como un presagio, ya que se preparaba para atacar una vez más a los kaskas.

Después de Mursili II, el trono pasó a su hijo mayor, Muwatalli II, quien gobernó desde alrededor de 1295 a 1272 a. C. Poco después de llegar al poder, Muwatalli II decidió mover la capital de Hattusa a una ciudad que llamó Tarhuntassa y nombró a su hermano, Hattusili, como gobernador de Hattusa. La razón para este cambio es desconocida, pero según los textos escritos en la época del reinado de Hattusili III, podría haber dos posibilidades.

La primera es que Muwatalli decidió mover la capital porque Hattusa estaba cerca de la frontera norte, la cual estaba bajo constante amenaza militar debido a las escaramuzas de los kaskas. Este desplazamiento hacia el territorio sur del reino podría significar la seguridad de la turbulenta frontera norte, pero también sería una buena posición estratégica para la lucha contra Egipto por el dominio de Siria, que estaba a punto de comenzar.

La segunda teoría de por qué Muwatalli movió la capital tiene que ver con razones religiosas. Él implementó algunos cambios en la religión del estado; más específicamente, adoraba a un nuevo dios de la tormenta, cuya sede de poder de culto estaba más al oeste. Introdujo a este dios de las tormentas, llamado Umarmungsszene, en sus nuevos sellos reales, y todos los reyes que vinieron después de él usaron el mismo motivo en sus sellos.

Muwatalli II es más conocido como el rey hitita que luchó contra Ramsés II en la batalla de Qadesh alrededor de 1274 a. C. Qadesh era una ciudad en las orillas del río Orontes, cerca de la actual frontera Líbano-Siria. Esta batalla es importante, ya que es la primera batalla registrada, que incluía detalles de tácticas y formaciones de ejército. Fue probablemente la mayor batalla de carros jamás disputada; se estima que hubo entre 5.000 y 6.000 carros luchando en la batalla.

En el momento de esta batalla, la economía hitita dependía en gran medida del control de las rutas comerciales. El norte de Siria era una de las rutas comerciales más importantes, así como una fuente de metal para todo el imperio, por lo que necesitaba ser protegida contra cualquier posible ataque. La defensa de esta importante zona hitita fue puesta a prueba por Ramsés II, ya que él quería expandir los territorios de Egipto. En la primavera de 1274, Ramsés II lanzó una campaña militar con la intención de restaurar los territorios que Egipto había poseído casi un siglo antes. Para detener a Ramsés, Muwatalli marchó con su ejército hacia el sur para enfrentarlo.

El ejército egipcio consistía en cuatro divisiones: Amón, Re, Seth, y una división recién creada llamada Ptah. Hay menciones de una tropa más llamada Ne'arin, que muy probablemente eran formadas por mercenarios leales a Egipto. Sin embargo, estas fueron dejadas en Amurru para defender el puerto de Sumur. Ellos jugarían más tarde un rol crítico en la batalla de Qadesh. Otro grupo de mercenarios del ejército egipcio eran las tropas de los shirdana, que eran un grupo de Pueblos del Mar, posiblemente acadianos. Vale la pena destacar que la primera mención del pueblo shirdana en la historia se encontró en un texto de los registros de Ramsés II, quien los combatió en defensa de la costa mediterránea de Egipto y más tarde los incorporó a su guardia personal.

Del lado de Muwatalli, los hititas reunieron a todos sus aliados, con el rey Rimisharina de Alepo entre ellos. Los registros de Ramsés II mencionan diecinueve aliados que ayudaron a los hititas en la gran batalla de Qadesh. El alcance de la influencia hitita puede observarse aquí, ya que un gran número de estados aliados vinieron a ayudarlos.

Las tácticas que Muwatalli utilizó en esta batalla son muy interesantes, ya que es la primera vez que los registros históricos muestran el uso del embuste como táctica militar. Muwatalli ordenó a dos de sus espías que actuaran como desertores y corrieran hacia el lado egipcio. Una vez que obtuvieron la atención de Ramsés, le dijeron que Muwatalli y su ejército aún estaban en Alepo, muy lejos, aunque estaba acampando en Qadesh, y esperaba a Ramsés en una emboscada. Poco después, Ramsés se enteró de las artimañas de Muwatalli y logró derrotar a la división que atacó su campamento. Sin embargo, el resto del ejército de Ramsés aún estaba más al sur, luchando contra la segunda división de Muwatalli. Al día siguiente, los egipcios ganaron la batalla.

Ramsés II puso especial atención en esta batalla y creó dos versiones de la misma. Una es considerada poética, ya que él se describe a sí mismo como un poderoso líder militar que hizo que Muwatalli se encogiera de miedo. Pero la otra, en forma de baladas, cuenta la historia de las penurias que el ejército egipcio sufrió durante la batalla. Muwatalli se vio obligado a retirarse dentro del fuerte de Qadesh, el cual no pudo ser asediado por los egipcios porque no contaban con suficientes recursos. La batalla terminó mal para ambos bandos, y tanto Muwatalli como Ramsés reclamaron la victoria.

Tras la batalla de Qadesh, Muwatalli continuó su expansión hacia Siria, mientras que los egipcios tuvieron que detener su plan de expansión. Por ello, se cree que la batalla de Qadesh redujo significativamente el ejército egipcio, lo que significa que fueron incapaces de continuar su campaña militar. Los historiadores están de acuerdo en que la batalla de Qadesh terminó en un empate, pero la victoria táctica pertenece a Egipto. Ramsés II consiguió evitar ser capturado o matado en una emboscada, y la innovación de utilizar carros de dos hombres más ligeros y rápidos le dio una ligera ventaja.

Muwatalli II continuó conquistando hasta el sur de la provincia egipcia de Upi. Conquistó estas tierras y se las dio a su hermano Hattusili para que las gobernara. La influencia egipcia se redujo entonces a Canaán (el actual Israel) únicamente, e incluso allí, comenzó una rebelión. Ramsés II tuvo que iniciar una serie de campañas militares para evitar que se produjeran grandes levantamientos.

Pasaron otros quince años y algunos conflictos más entre los hititas y los egipcios antes de que finalmente firmaran un tratado de paz, que más tarde se conocería en la historia como el Tratado Eterno. Antes de que eso fuera posible, sin embargo, el rey Muwatalli II murió en 1272 y fue sucedido por su hijo, Mursili III, que solo reinó durante unos siete años, ya que fue depuesto por su tío, Hattusili, que se convirtió en Hattusili III. Mursili III huyó del Imperio hitita, buscando refugio en Egipto. Hattusili exigió a Ramsés II que le entregara su sobrino, pero Ramsés afirmó que no conocía el paradero de Mursili. Esta disputa casi provocó una guerra entre los hititas y los egipcios, pero Ramsés decidió llegar a un acuerdo con Hattusili. El documento que ambos lados firmaron es el primer tratado de paz conocido en la historia. Fue escrito en dos idiomas, jeroglíficos egipcios y acadiano. Lo interesante de este hecho es que una versión no es simplemente una traducción de la otra. La redacción es completamente diferente, y mientras la versión hitita afirma que los egipcios rogaron por la paz, la otra afirma que fueron los hititas quienes lo hicieron. El tratado fue concluido en 1258 a. C. y contiene dieciocho artículos que piden la paz y describen cómo los propios dioses exigen la paz entre Egipto y el Imperio hitita. Uno de los términos de este tratado de paz fue el matrimonio de Ramsés y una de las princesas hititas. Hattusili eligió a su propia hija, Maathornefrura, para este papel.

Se cree que tanto Ramsés como Hattusili querían la paz debido a la creciente amenaza de los asirios. Mientras que los egipcios y los hititas estaban ocupados con su propio conflicto, el rey asirio, Salmanasar I, expandió su reino a Anatolia, Babilonia, el antiguo Irán, Aram (Siria), Canaán y Fenicia. Asiria se convirtió en una gran amenaza para las rutas comerciales de los hititas, tanto como lo fue Egipto.

El hijo de Hattusili, Tudhaliya IV, fue el último rey fuerte del Imperio hitita que pudo evitar que los asirios ocuparan completamente sus tierras, aunque perdió una gran cantidad de territorio contra ellos. Con todo, Tudhaliya IV fue derrotado en la batalla de Nihriya en 1230 contra el rey asirio Tukulti-Ninurta I. Esta batalla se considera el punto álgido de las tensiones entre asirios e hititas. Después de la batalla, Tudhaliya IV tuvo que luchar para recuperar la autoridad sobre su propio reino, pero logró impedir que se extendieran las revueltas internas. Los hititas y los asirios lucharon durante otros cinco años antes de que finalmente negociaran la paz.

El último rey conocido del Imperio hitita fue Suppiluliuma II, hijo de Tudhaliya IV, quien gobernó entre 1207 y 1178 a. C., siendo conocido por comandar una flota que derrotó a los chipriotas, el pueblo nativo de Chipre. Esta es la primera batalla naval registrada conocida por los historiadores. Se cree que Suppiluliuma II comandaba una flota de barcos ugaríticos, llamados así por el nombre de un puerto de Siria. Los registros de su época relatan una gran inestabilidad política en el Imperio hitita, ya que Suppiluliuma tuvo que luchar contra los antiguos estados vasallos del imperio, lo que se extendió durante toda la vigencia de su reinado.

Sus precursores habían devuelto a Hattusa el estatus de ciudad capital, pero Suppiluliuma decidió abandonarla una vez más, induciendo así el fin del Imperio hitita. Hattusa fue quemada por completo alrededor de 1180 en una serie de ataques combinados de los kaskas, frigios y brigios. Sus enemigos se aprovecharon de este debilitado Imperio hitita y saquearon sus tierras. Gran parte del territorio hitita fue pronto tomado por los asirios, y así, el gran Imperio hitita dejó de existir.

Aunque el Imperio hitita ya no existía, en 1160 a. C. surgieron varios pequeños reinos hititas sucesores. Los más conocidos son Karkemish y Milid, pero ninguno de estos nuevos reinos alcanzó la antigua gloria del imperio. Con el tiempo, incluso estos reinos neo-hititas cayeron bajo el Imperio neoasirio, que los asimiló completamente en algún momento entre 722 y 705 a. C.

Capítulo 2 – La Confederación Aramea

Los arameos eran una confederación tribal de semitas del noroeste. Su origen se encuentra en la región de Aram, en la actual Siria, la cual incluye Alepo. Esta región fue conocida bajo el nombre de Amurru desde 2335 hasta 1750 a. C. Durante el Imperio neoasirio, el Imperio neo-babilónico y el Imperio aqueménida, los cuales en conjunto se extendieron entre el 911 y el 330 a. C., Aram era conocida como Eber-Nari.

Los arameos nunca tuvieron un imperio o un gran reino. De hecho, eran una alianza de pequeños reinos independientes que se extendieron por todo el Cercano Oriente. Estos reinos ocupaban los territorios de la actual Siria, Líbano, Israel, partes de la península árabe y el centro-sur de Turquía.

Los arameos aparecen por primera vez en la historia durante el Colapso de la Edad de Bronce (1200 a 900 a. C.). Lo que causó su abrupto colapso sigue siendo desconocido; sin embargo, muchos historiadores creen que fue un evento turbulento. Este colapso causó un movimiento de personas a través del Oriente Medio, de Asia Menor, del Cáucaso, del norte de África, del Irán, de Grecia y de los Balcanes. Nuevas tribus y pueblos surgieron de estos movimientos.

La primera referencia a los arameos se encuentra en una inscripción del rey asirio Tiglath-Pileser I (quien gobernó entre 1114 y 1076 a. C.). Esta inscripción menciona la conquista de los Ahlamu-Arameos, pero poco después, este término fue sustituido por simplemente arameos en otras escrituras asirias. Esto es una prueba de que los arameos fueron una fuerza dominante entre los pueblos nómadas. Se establecieron en Siria en el siglo XII a. C., aunque fueron subyugados por el Imperio asirio Medio.

Después de la muerte del rey asirio Ashur-bel-kala en 1056 a. C., los arameos obtuvieron su independencia y avanzaron en hordas hacia la frontera norte de Asiria. A finales del siglo XI, tomaron el control completo de las tierras de Eber-Nari, y desde este punto, la región fue conocida como Aramea. Los reinos arameos incluían Aram-Damasco, Hamath, Bit Adini, Bit Bahiani, Aram-Bet Rehob, y muchos más, así como los sistemas políticos tribales como Gambulu, Litau y Puqudu.

Los arameos también son mencionados en la Biblia, que nos dice que Saúl, David y Salomón, los reyes bíblicos de Israel y Judá, lucharon contra ellos durante los siglos XI y X a. C. También en el Libro de los Jueces de la Biblia se afirma que Israel estuvo bajo el dominio arameo durante ocho años a principios del siglo XI. La misma fuente menciona a Otoniel, el primero de los jueces bíblicos, que derrotó a las fuerzas arameas bajo el mando de Cusan-Rasataim, el rey de Aram-Naharaim, o el noroeste de Mesopotamia. Aunque las fuentes bíblicas no son consideradas totalmente exactas, y suelen ser difíciles de comprobar, ofrecen una limitada visión histórica de los arameos, sobre los cuales se sabe muy poco.

Durante este mismo período, en el norte, los arameos tomaron el control de la ciudad-estado neo-hitita de Hamath, que se encuentra en el río Orontes. Sin embargo, poco después, se separaron del reino neo-hitita indoeuropeo. Los arameos también conquistaron Sam'al, un territorio neo-hitita de habla luvita, que poco después se convirtió en un reino arameo llamado Bit Agusi. Este reino comprendía los territorios desde Arpad (noroeste de Siria) hasta Alepo. En esta época, los arameos también se estaban moviendo al este del Éufrates. Allí llegaron en tan gran número que el territorio fue rebautizado como Aram-Naharaim, que significa "Aram de los dos ríos". Algunas de las tribus arameas orientales se establecieron en Babilonia, donde uno de los suyos fue coronado como rey de Babilonia. Era conocido con el nombre de Adad-apla-iddina, pero se le consideraba un usurpador.

Los ejércitos arameo y asirio lucharon seguido en el período entre 1050 y 911 a. C. Sin embargo, los asirios tenían que mantener abiertas sus rutas comerciales; por lo que tenían que enviar varias expediciones militares a Aramea, Babilonia, Irán y Asia Menor. Finalmente, los reinos arameos fueron conquistados por los asirios. Esta conquista comenzó con el rey neoasirio Adad-nirari II en el año 911, que luchó contra los arameos atacando sus fronteras e inició una nueva expansión del Imperio asirio en todas las direcciones. El rey asirio Asurnasirpal II y su hijo, Salmanasar II, continuaron destruyendo las numerosas tribus arameas y lograron conquistar todo el territorio de Aramea. Además, el rey Tiglath-Pileser III conquistó Aram-Damasco en 732. Los asirios cambiaron el nombre de los reinos arameos que conquistaron, pero en las Escrituras, siempre se les llamó arameos. Además, forzaron la deportación de los arameos, trasladándolos a Babilonia y Asiria, que ya tenían pequeñas colonias arameas. El resultado de esta deportación fue el nacimiento del dialecto arameo oriental, que más tarde se convirtió en la lengua común en todo el Imperio neoasirio, incluyendo Babilonia. Una variante de esta lengua sobrevive hasta hoy entre los nativos cristianos asirios de Irak, Siria, Turquía e Irán.

Tras la caída del Imperio neoasirio en 609, Aramea fue gobernada por el Imperio neo-babilónico (626 a 539 a. C.). Las regiones del pueblo arameo se convirtieron en un campo de batalla para las guerras que Babilonia disputó contra Egipto. Incluso después de la caída de Babilonia y durante todo el posterior gobierno de los persas, la región aramea mantuvo su nombre Eber Nari, y el arameo imperial seguía siendo el idioma oficial del estado. Fue durante el Imperio seléucida que el nombre de la región aramea fue cambiado a Asiria. Este nombre se usaba comúnmente para referirse a los asirios y a los arameos al oeste de Aram, aunque estos dos pueblos estaban separados étnica e históricamente. Esta controversia sobre el nombre está presente incluso en los tiempos modernos, ya que los académicos no pueden ponerse de acuerdo sobre el origen del nombre de Siria. Hoy en día, la mayoría de los estudiosos están de acuerdo en que Asiria y Siria tienen los mismos orígenes etimológicos y que Siria realmente deriva de Asiria.

Capítulo 3 – Los Luvitas

La extensión de los dominios de los luvitas

Aunque las leyes del antiguo reino hitita del siglo XVII a. C. mencionan las tierras de Luwiya, no hay evidencia de un estado unificado de los luvitas o incluso de un sistema político. Cuando hablamos de los luvitas, hablamos de un grupo de personas que hablaban el idioma luvita común de origen indoeuropeo y que probablemente era un grupo de personas nómadas o seminómadas. El origen de los luvitas sigue siendo un misterio. Quizás vinieron de las regiones de los Balcanes o de los territorios del Bajo Volga. Sin embargo, sabemos que se asentaron en las partes sur y oeste de Anatolia y que lo más probable es que su centro político estuviese en Burushanda, una antigua ciudad-estado. Burushanda aún no ha sido descubierta, pero sabemos de su existencia por los textos capadocios y los textos hititas descubiertos en Kanesh (Turquía central). A partir de estos textos, se sabe que había un rey gobernando en Burushanda y que defendió la ciudad contra la invasión hitita liderada por el rey Anitta. Los hititas ganaron y dieron a Burushanda el estatus de estado vasallo privilegiado. Pero poco después, Burushanda fue absorbida por el Imperio hitita y ya no se volvió a mencionar por ese nombre.

El lenguaje luvita y las inscripciones jeroglíficas se utilizaron a lo largo de la historia de los Reinos Medio y Nuevo de los hititas. Los reyes de Hattusa usaban inscripciones jeroglíficas luvitas, y este sistema de escritura se usó incluso después de la caída de los estados neo-hititas y en el Imperio neoasirio. Es imposible concluir cualquier cosa sobre la extensión de las tierras luvitas basándose en el uso de sus inscripciones, pero está claro que la cultura luvita estaba presente en la Antigua Anatolia. Sin embargo, la escritura luvita y su lenguaje no son suficientes para definir su etnia. En este contexto, los luvitas son todos los pueblos que hablaban el idioma luvita, independientemente de su etnia. Es importante hacer una distinción entre el luvita y el hitita. Aunque el lenguaje y las inscripciones luvitas estaban presentes en el Imperio hitita, esto no convierte a los hititas en un pueblo luvita. De hecho, los hititas tenían su propio lenguaje cotidiano, también de origen indoeuropeo, que se conocía oficialmente como nesite, por la ciudad de Nesa, es decir, Kanesh.

Los documentos del antiguo Imperio asirio de 1950 a 1700 a. C. apoyan la teoría de que los luvitas y los hititas hablaban dos idiomas diferentes. En estos documentos, aparecen por primera vez nombres propios y nombres de lugares luvitas. Los asirios también tomaron prestadas muchas palabras luvitas y las usaron en su lenguaje cotidiano.

Existen textos religiosos luvitas preservados que nos proporcionan el conocimiento de su cultura, pero fueron insertados en documentos hititas y no ofrecen ninguna visión de la historia o del origen del pueblo luvita. Todo lo que se sabe sobre el pueblo luvita se deriva en su mayoría de los documentos hititas. Sin embargo, hay algunas excepciones, como las correspondencias entre Egipto y Arzawa durante el reinado del faraón Amenhotep III; la mención del pueblo lukka, un grupo de personas que hablaban luvita y se asentaron en el suroeste de Anatolia; o las correspondencias entre el rey de Alasiya y el faraón Amenhotep IV. No hay pruebas sólidas que apoyen ningún hecho histórico, estados o desarrollo político del pueblo luvita. Sin embargo, vale la pena tomar nota de que los informes hititas mencionan algunas disputas dinásticas y golpes de estado entre el pueblo luvita. No obstante, no son detallados porque no involucraban directamente al Imperio hitita.

Los hititas veían a los luvitas como enemigos, o al menos como enemigos potenciales que ocupaban tierras estratégicamente importantes. Incluso llegaron a describir a uno de los gobernantes vasallos arzawanos como un sujeto traicionero y desleal, lo que hace con que los historiadores se pregunten si él fue un héroe para los luvitas, ya que luchó por la independencia de sus señores hititas. Sin embargo, en este punto, todo es solamente especulación, pues no hay textos de los luvitas o de los arzawanos que hayan sobrevivido. Incluso cuando se trata de la carta de correspondencia entre los hititas y las tierras arzawanas, solo sobrevivieron las cartas hititas, o más bien copias de las cartas.

En Anatolia occidental, había cinco estados o reinos ocupando la región conocida como Arzawa. Esta región era habitada por un gran número de pueblos de habla luvita. La aparición inicial de los luvitas en Anatolia puede deberse a la migración a través de las regiones del noroeste, lo que explicaría los primeros asentamientos en las tierras arzawanas y el establecimiento de varios pequeños reinos. Estos cinco reinos se conocían como Arzawa Menor, Mira, la Tierra del río Seha, Wilusa y Hapalla. La historia de estos reinos es conocida por los textos hititas que han sobrevivido, entre ellos un tratado del siglo XIII a. C. entre el rey de los hititas, Muwatalli II, y el rey de Wilusa, Alaksandu. Desde que las tierras arzawanas entraron en los documentos hititas con este nombre, el término Luwiya desapareció repentinamente de los registros.

Una vez que los hititas conquistaron todas las tierras arzawanas, cuatro de los cinco reinos arzawanos se convirtieron en estados vasallos del Imperio hitita. Arzawa Menor ni siquiera se menciona en este tratado redactado por Muwatalli II, lo que probablemente se deba a que este estado fue completamente desmembrado durante las campañas de guerra dirigidas por el rey Mursili II. Después de dos años de lucha, Arzawa Menor fue probablemente destruida, y una gran parte de ella fue reclamada por el Reino de Mira. En lo profundo de las tierras de Arzawa Menor, hay una estatua que representa a un rey de Mira llamado Tarkasnawa, que gobernó en el siglo XIII.

Varios textos hititas, así como algunos documentos egipcios, mencionan al pueblo lukka. Pero estos textos no mencionan ninguna organización política o administrativa entre estas personas. No hay evidencia de que hayan existido reyes lukka, y ningún estado lukka ha existido con ese nombre. Es posible que mientras las tierras arzawanas formaban sus estados más pequeños, ciertas poblaciones quisieran mantener su independencia y por lo tanto resistieron a los nuevos reinos creados. Así es como un grupo de personas luvitas, unidas bajo el nombre de Lukka, atrajeron la atención del Imperio hitita. Los documentos hititas afirman que el pueblo lukka se convirtió en súbdito de los reyes hititas después de que estos extendieran su imperio por los territorios arzawanos. La impresión que dejan estos documentos hititas es la de que el pueblo lukka era hostil hacia su nuevo rey y no era fácil de controlar. También se les menciona como navegantes, a menudo realizando campañas de piratería contra las ciudades costeras del Mediterráneo. En los documentos hititas también se menciona a las tierras lukka, lo que lleva a la conclusión de que la región de los lukka existió, al menos como un lugar que podrían llamar una patria, ya que estaban dispersos por el sur y el oeste de Anatolia. Los historiadores suponen que esta patria lukka debe incluir al menos parte de la costa, ya que tenemos pruebas de que fueron navegantes. Un probable territorio que podría incluirse en la patria lukka es una región occidental de los Montes Tauro y su escarpada costa, que más tarde se convirtió en el país de Licia (actualmente conocido como las provincias de Antalya y Mugla en Turquía). Es incluso posible que el nombre griego de esta región, Licia, se derive directamente del nombre Lukka de la Edad de Bronce. Una tableta de bronce descubierta en Hattusa ofrece más evidencias de que esta región es conocida como Lukka. Es un documento de tratado del siglo XIII redactado por el rey hitita Tudhaliya IV. En términos de fronteras, este tratado menciona la ciudad de Parha (más tarde conocida como Perga), un nombre mencionado en otros documentos utilizados en el mismo contexto que las tierras lukka.

La primera mención de las tierras arzawanas se encuentra en los registros sobre las incursiones dirigidas por el rey hitita Hattusili I. Él registra sus diversas campañas militares en un lapso de seis años, y en el tercer año, señala haber tomado ganado y ovejas de las tierras arzawanas. Hattusili es conocido por sus campañas de guerra contra Siria y Anatolia oriental, incluso un registro muy interesante cuenta de una incursión al oeste, que solo tenía el propósito de saquear. Esta incursión registrada probablemente no fue la única, ya que era más probable que hubiera muchas incursiones de este tipo en las tierras vecinas de Arzawa, lo que alude a una mayor expansión hitita a las expensas luvitas. Un antiguo texto de las crónicas del palacio sugiere que durante el gobierno del rey Hattusili I, parte de los territorios arzawanos cayeron bajo el gobierno del reino hitita. Este texto habla de una ciudad llamada Hurma y sus regiones circundantes, de las que se saben que eran parte de las tierras arzawanas.

Los primeros registros sólidos que aclaran las relaciones entre hititas y arzawanos provienen de los anales del rey Tudhaliya I. En estos anales se registran dos campañas militares, ambas bajo el liderazgo directo del propio rey Tudhaliya. La primera campaña fue contra varios países, incluyendo Arzawa Menor, la Tierra del Río Seha y Hapalla. Los tres estados se identificaban como tierras luvitas. Los anales hablan de la victoria que el rey Tudhaliya obtuvo en la primera campaña militar contra los reinos occidentales, pero poco después, tuvo que reorganizar sus fuerzas militares para llevar a cabo nuevas acciones en la misma región. En su segunda campaña, el rey encontró resistencia en forma de una coalición anti-hitita, que contaba con 22 naciones. Wilusa, un estado luvita, también se menciona en los textos que se refieren a la segunda campaña militar. Sin embargo, la coalición fue derrotada y los hititas salieron victoriosos. No se sabe si la coalición o una similar se volvió a formar.

Aunque los hititas ganaron y destruyeron la coalición, no establecieron una autoridad permanente en las tierras arzawanas. Los luvitas probablemente lograron mantener su independencia, ya que no hay evidencia de que los reinos occidentales se hayan convertido en vasallos hititas. Tudhaliya I probablemente estaba tratando de pacificar una región que presentaba una amenaza para su reino. Los hititas necesitaban la paz en sus fronteras occidentales para poder concentrarse en su expansión militar en el norte y el sureste.

Un documento conocido como La Acusación de Madduwatta ofrece más informaciones sobre las relaciones entre los arzawanos y los hititas. Este documento revela que Madduwatta, el rey de Arzawa (quien gobernó entre los siglos XIV y XIII) fue exiliado de sus tierras, en algún lugar de Anatolia occidental, y que se refugió con el rey Tudhaliya I. Lo acompañaron su familia y las tropas militares con carros, lo que es una muestra de su importancia. Tudhaliya le dio las tierras de Zippasla para que gobernara como rey vasallo, pero más tarde amplió el nuevo Reino de Madduwatta incluyendo las tierras del río Siyanta. No está claro dónde estaba el Reino de Madduwatta, pero los documentos lo describen como la periferia de las tierras arzawanas. Tudhaliya ordenó a Madduwatta que no intentara expandir su reino, pero él no tardó en violar este acuerdo, e intentó conquistar partes de las tierras arzawanas gobernadas por Kupanta-Kurunta. El ejército de Madduwatta fue destruido, pero Kupanta-Kurunta no se contentó con solo defender su territorio. Lanzó un contraataque al reino de Madduwatta, obligándolo a huir. Tudhaliya vino a ayudar y condujo a Kupanta-Kurunta de vuelta a sus propias tierras. Luego restituyó a Madduwatta como rey vasallo, dándole el botín de guerra. No se sabe por qué Tudhaliya fue tan generoso con su vasallo cuando obviamente violó el acuerdo e intentó expandir sus tierras. Poco después, Madduwatta cerró un tratado de paz con Kupanta-Kurunta, dándole a su propia hija como esposa. En correspondencia con el insatisfecho Tudhaliya, explicó que esta paz era solo un truco en un plan más amplio ideado para matar a Kupanta-Kurunta. Aquí es donde el texto se fragmenta, de modo que no se sabe qué pasó después y cómo terminó este asunto.

Estos textos están claramente llenos de un parcialismo hacia los hititas, pero ofrecen una visión de las relaciones hitita-arzawanas. Revelan Arzawa como siendo una tierra independiente bajo el gobierno de Kupanta-Kurunta, que era hostil frente al Imperio hitita. Se cree que era el rey de Arzawa Menor porque es el único estado Arzawa cerca de la frontera occidental del Imperio hitita, mientras que está adyacente al estado vasallo de Zippasla gobernado por Madduwatta.

Hapalla era la única tierra arzawana sobre la que el Imperio hitita reclamaba soberanía. Madduwatta trató de tomar Hapalla para su propio reino; sin embargo, el rey hitita Arnuwanda I no lo aprobó, y pidió a Madduwatta que lo devolviera. Madduwatta no quería oponerse a su señor hitita, pero tomó y mantuvo algunas otras tierras que podrían haber sido de interés para Arnuwanda. Algunas de ellas estaban dentro del territorio lukka.

A finales de la Edad de Bronce, los luvitas eran la mayor población de Anatolia. También estaban extendiendo rápidamente su influencia sobre el oeste y el sur de Anatolia. Incluso formaron reinos en el oeste, se unieron a varias alianzas, y tenían un importante ejército a su disposición. Sin embargo, eran los enemigos del Imperio hitita, siendo Arzawa Menor el más influyente en esta animosidad. También fue el reino más grande dirigido por Kupanta-Kurunta, que entró en conflicto con los hititas dos veces, y aunque perdió ambas veces, logró ocupar algunos de los estados vasallos hititas. Sus acciones fueron una clara señal para los reyes hititas de que Arzawa Menor supondría una amenaza constante para sus planes de expansión hacia el oeste.

En un momento de la historia, Arzawa Menor tuvo la oportunidad de convertirse en una gran potencia de Anatolia. Durante el reinado de Tudhaliya III, el reino hitita fue invadido y saqueado. Arzawa se unió a los invasores y atacó a los hititas desde el suroeste. Incluso la capital de Hattusa fue saqueada durante esta invasión, y la familia real tuvo que buscar refugio en la fortaleza provisoria de Samuha. Estos eventos abrieron un camino para que Arzawa Menor se convirtiera en una potencia dominante en Anatolia. El gobernante de Arzawa, Tarhunaradu, fue señalado como el próximo Gran Rey de Anatolia, incluso por el faraón egipcio Amenhotep III, que le pidió una de sus hijas en matrimonio. Pero durante el mandato del nuevo rey Suppiluliuma I, los hititas lograron expulsar a los usurpadores de sus tierras y también se fijaron el objetivo de destruir a Arzawa. Su primera tarea fue derrotar a las tropas arzawanas en la Tierra Baja, desde donde atacaron el reino hitita en primer lugar, y aunque tuvieron éxito, Arzawa siguió siendo una amenaza constante para las fronteras del reino hitita durante todo el tiempo en que Suppiluliuma gobernó.

En un dado momento, el líder de Arzawa, Anzapahhadu, dio asilo a algunos refugiados hititas, negándose a devolverlos a Suppiluliuma. Bajo el mando de un tal Himuili, las fuerzas hititas se encargaron de recuperar a los refugiados, pero Anzapahhadu los derrotó, obligando a Suppiluliuma a salir al campo de batalla y a ceder a sus demandas.

Durante estos conflictos con Arzawa Menor, Hapalla consiguió finalmente independizarse del reino hitita. Sin embargo, Suppiluliuma nombró a su comandante más hábil, Hannutti, como el nuevo gobernador de las Tierras Bajas, y comenzó un ataque a Hapalla con la esperanza de devolverle la soberanía hitita. Después de que el ejército de Hannutti saqueara el ganado y la gente de Hapalla, esta fue restaurada una vez más bajo el dominio hitita.

Las tierras arzawanas se estaban convirtiendo en un peso constante en la frontera suroeste del Imperio hitita, y era solo cuestión de tiempo hasta que tuvieran que ser atendidas. Sin embargo, el trono hitita estaba ahora ocupado por un joven e inexperto rey, Mursili II, que fue coronado tras la repentina muerte de su padre y su hermano debido a la plaga. Su imperio se estaba ahogando en rebeliones, y recibía amenazas de guerra de los reinos vecinos que lo consideraban demasiado incompetente para gobernar. Después de dos años de campañas de pacificación en todo su propio reino, y tras lidiar con la rebelión kaska en el norte, Arzawa Menor atrajo su atención hacia el oeste. Bajo el liderazgo de Uhha-Ziti, Arzawa Menor se convirtió en el impulsor de un movimiento anti-hitita en la región. Uhha-Ziti era un rey en Arzawa Menor y un aliado del padre de Mursili, Suppiluliuma, pero se volvió contra los hititas cuando Mursili II se convirtió en su rey. Uhha-Ziti se alió con el rey de Ahhiyawa, un reino de la Grecia continental que posiblemente tenía la ciudad de Micenas como su sede de poder. El estado de Milawata (conocido clásicamente como Mileto) se unió a esta alianza, y fue probablemente este acto el que hizo con que Mursili actuara contra Milawata, ya que fue entonces conquistado por los hititas.

Sin embargo, esto no detuvo a Uhha-Ziti en sus campañas anti-hitita. Uhha-Ziti se burló del rey hitita, llamándolo niño e incitando a una guerra. El hermano de Mursili, Sharri-Kushuh, el virrey de Karkemish, se unió a la lucha, que duró dos años. La batalla decisiva tuvo lugar en el río Astarpa en Walma, una frontera natural entre el Imperio hitita y las tierras de Arzawa. Mursili ganó contra el rey de Arzawa y persiguió a su ejército hasta la ciudad de Apasa, la que tomó sin ninguna resistencia. Sin embargo, no logró capturar al rey Uhha-Ziti, que logró escapar de la ciudad. Puranda fue la última ciudad en ser conquistada, y con su caída, la resistencia arzawana fue oficialmente vencida.

Solo un reino arzawano seguía siendo una amenaza potencial, y era el de la Tierra del río Seha. No está claro si ya eran un estado vasallo del Imperio hitita, pero lo que sí es seguro por los documentos que han sobrevivido es que el rey de la Tierra del Río Seha, Manapa-Tarhunta, debía su posición al Imperio hitita, ya que lo habían respaldado cuando luchó contra sus hermanos por la realeza. Más tarde, se volvió contra Mursili, ayudando a Uhha-Ziti en su rebelión.

Sin embargo, cuando Mursili amenazó atacar, Manapa-Tarhunta le rogó a Mursili que perdonara a su pueblo. Inicialmente, Mursili se negó y se acercó a las puertas de la ciudad, donde la madre del rey le rogó de nuevo que los perdonara. La Tierra del Río Seha fue tomada sin más resistencia, y a partir de ese momento, se convirtió oficialmente en un estado vasallo. Mursili II consiguió apoderarse de todas las tierras de Arzawa y las convirtió en estados vasallos del Imperio hitita. Después de la caída de Puranda y el fallecimiento del rey Uhha-Ziti, que murió en el exilio, no se menciona a Arzawa Menor como un estado separado, al menos no bajo ese nombre, lo que nos lleva a la conclusión de que este fue el punto en el que dejó de existir.

La paz después de que Mursili II reclamara a Arzawa Menor no duró mucho tiempo. Desde el tratado de Kupanta-Kurunta (no confundir con el rey Arzawa Kupanta-Kurunta), es evidente que Mursili, en su duodécimo año de gobierno, tuvo que dirigir nuevamente sus fuerzas hacia el oeste y hacer frente a un levantamiento en las tierras luvitas. Esta rebelión fue liderada por un hombre de origen desconocido. Mashuiluwa, el rey de Mira, que antes era leal al Imperio hitita, se unió a esta rebelión. Mursili se dirigió al oeste con su ejército, pero aun así llamó a Mashuiluwa para que se presentara ante él, probablemente con la esperanza de evitar una guerra abierta. Sin embargo, Mashuiluwa decidió huir y buscar refugio en la tierra de Masa. Mursili les pidió a las autoridades de Masa que lo entregaran, y ellas cedieron. Mashuiluwa fue exiliado de su propio reino, pero se le dio una residencia permanente en Hattusa.

Después de que su rey huyera, el pueblo de Mira tomó una postura pro-hitita, y los nobles se desvincularon oficialmente de las acciones de Mashuiluwa. Mursili concedió el trono de Mira a Kupanta-Kurunta, sobrino de Mashuiluwa, pero también contaba con el apoyo de la nobleza. Después de este episodio, no hay más evidencias de levantamientos o rebeliones en las tierras arzawanas durante el resto del gobierno del rey Mursili II. Mursili fue sucedido por su hijo, Muwatalli II, cuyos primeros años de gobierno también estuvieron libres de disturbios luvitas.

La paz en Anatolia occidental duró aproximadamente dos décadas. Una nueva ronda de disturbios, que comenzó alrededor de 1280, sugirió la participación de un hombre de alta estirpe llamado Piyamaradu, que comenzó a construir una nueva base de poder en las regiones de los estados vasallos hititas. En ese momento, Milawata estaba bajo el control de Ahhiyawa, y así, Piyamaradu unió fuerzas con el rey Ahhiyawa. El resultado de esta alianza fue que Piyamaradu de alguna manera obtuvo el control de Wilusa.

Se sabe que Wilusa era un reino luvita en el noroeste de Anatolia, una masa de tierra que geográficamente está en las proximidades de Troya. Un erudito suizo, Emil Forrer, quién vivió durante los años 20, inició un debate sobre la similitud lingüística entre Wilusa y otro estado de Arzawa, Taruisa. Este debate aún está en curso entre los historiadores, pero la mayoría ahora está de acuerdo en que no se debe ignorar las evidencias que identifican a Wilusa como Ilión. Esto podría significar que los troyanos entre los siglos XVII y XV a. C. fueron, de hecho, un grupo de personas de habla luvita, así como quizás sus antecesores.

Piyamaradu fue poco después derrotado y eliminado de Wilusa. Un rey legítimo, Alaksandu, estaba ahora en el trono, y abdicó para convertirse una vez más en un estado vasallo del Imperio hitita. Piyamaradu logró escapar a su captura por parte de los hititas, probablemente buscando refugio con el rey Ahhiyawa y permaneciendo por muchos años como propagador anti-hitita en el oeste de Anatolia. Piyamaradu estaba en realidad vinculado a Kupanta-Kurunta en Mira, pero los textos que han sobrevivido son insuficientes para indicar cuál era su relación. En esta época, Mira era un estado vasallo leal al Imperio hitita de Muwatalli, y lo más probable es que fueran enemistados con Piyamaradu.

Muwatalli fue sucedido por su hijo, Mursili III, que tuvo que luchar en una guerra civil con su tío Hattusili. Esta guerra tuvo un efecto desestabilizador en todo el Imperio hitita y muy probablemente involucró a los estados vasallos occidentales ocupados por los luvitas. El rey de la Tierra del Río Seha apoyó a Hattusili, pero los reyes de otras tierras de Arzawa permanecieron leales a Mursili III, entre ellos Kupanta-Kurunta. Hattusili ganó la guerra civil y obtuvo el trono antes de que cualquiera de los estados vasallos se involucrara directamente en el conflicto. El único documento sobreviviente sobre las tierras luvitas que no es de origen hitita es una carta que el faraón Ramsés II envió a Kupanta-Kurunta. Esta carta era obviamente una respuesta a una carta no sobreviviente de Kupanta-Kurunta en la que preguntaba a Ramsés si apoyaba a Hattusili o a Mursili. La respuesta de Ramsés fue probablemente la razón por la que Kupanta-Kurunta eligió permanecer leal al Imperio hitita, ya que el faraón apoyaba abiertamente a Hattusili.

Durante el mismo período, en el sudeste de Anatolia, también había un gran número de personas que hablaban el idioma luvita. Extendiéndose a lo largo de la costa mediterránea y en el interior, estas personas son conocidas como kizzuwatna y tarhuntassa (ver el mapa al principio de este capítulo para la referencia). Desde la llanura de Adana hasta las montañas Anti-Taurus, que cubren una región de la Cilicia Clásica, se extendía Kizzuwatna, que tenía centros de culto en las ciudades de Kummanni y Lawanatiya. Otras ciudades conocidas de los territorios de Kizzuwatna eran Sinuwanda, Zunnahara, Arana y Sinahu. Los dos grupos dominantes en esta región eran los luvitas y los hurritas, aunque también puede ser que había una pequeña comunidad semítica. Una mezcla de nombres propios en Kizzuwatna sugiere la mezcla de las culturas luvita y hurrita a lo largo de estos territorios. El primer tratado hitita conocido fue con el rey de Kizzuwatna, Iputahsu. Sus sucesores también redactaron tratados, sugiriendo que hubo frecuentes conflictos entre los hititas y Kizzuwatna. Los conflictos incluían el saqueo e incluso la destrucción de ciudades fronterizas en los territorios hititas y de Kizzuwatna.

Kizzuwatna estaba en la principal ruta de comunicación con Siria, y su importancia estratégica hizo que los hititas estuvieran dispuestos a trabajar en una alianza permanente. Sin embargo, Kizzuwatna a menudo cambiaba de lado, ya que también se veían amenazados por el reino hurrita de Mitani y su rey vasallo, Idrimi de Alalakh. Durante el reinado del rey hitita Tudhaliya I, el rey Sunassura de Kizzuwatna firmó un tratado que los vincularía permanentemente al Imperio hitita.

Tarhuntassa, otra región que fue ocupada por un pueblo de habla luvita, colindaba con Kizzuwatna al oeste. Su nombre es puramente de origen luvita, como sugiere el dios luvita de la tormenta Tarhunna. La existencia de este reino se notó por primera vez durante el reinado del rey hitita Muwatalli II. Al parecer, este también fue creado por el propio Muwatalli, que incorporó a su territorio la Tierra del río Hulaya. Este reino fue dado a Kurunta, el segundo hijo de Muwatalli, para que lo gobernara. Debido a su ubicación estratégica, Tarhuntassa jugó un importante rol en las últimas décadas del Imperio hitita. Se cree que el puerto de Ura estaba dentro de sus fronteras, cuando no al lado de Tarhuntassa, y fue a través de este puerto que los barcos de Egipto trajeron granos al Imperio hitita. Por lo tanto, era de gran importancia mantener la ciudad portuaria de Ura lejos de territorios enemigos. Una inscripción jeroglífica descubierta en Hattusa sugiere que durante el reinado de Suppiluliuma II, ocurrió la conquista del sur de Anatolia, y Tarhuntassa fue anexada. Esto significa que, en ese momento, Tarhuntassa tenía una política hostil hacia los hititas.

Durante el final de la Edad de Bronce, el pueblo luvita se dispersó por toda Anatolia. Se desplazaban constantemente, ya que vivían una vida nómada; sin embargo, también fueron movidos a la fuerza por los hititas, que emprendieron guerras contra ellos y los capturaron como esclavos y trabajadores en todos los territorios hititas. Como resultado de las campañas de guerra de Tudhaliya I, Suppiluliuma I y Mursili II, debe haber habido miles de luvitas en las tierras hititas cuando terminó el Nuevo Reino hitita. Debido a la naturaleza nómada de los luvitas y a su condición de esclavos/trabajadores dentro del reino hitita, probablemente habitaban en su mayoría en los territorios agrícolas periféricos de la patria hitita. Los luvitas asimilaron rápidamente la nueva cultura hitita, pero los hititas tenían la política de incorporar todos los nuevos dioses de los pueblos conquistados a su propio panteón. Así, la cultura luvita sobrevivió en una de sus formas, la religión, que tuvo un impacto en el desarrollo cultural hitita.

Sin embargo, los hititas tuvieron poca o ninguna influencia cultural en sus recién conquistadas tierras occidentales. Arzawa estaba principalmente bajo la influencia de los griegos micénicos y minoicos, especialmente a finales del siglo XIV.

De la carta Tawagalawa de Hattusili III, es evidente que el mundo micénico tenía un número sustancial de luvitas. Hattusili se queja de que alrededor de 7.000 luvitas de las tierras lukka habían sido transportados a Ahhiyawa como mano de obra para la construcción, la industria textil y el servicio doméstico. Además de ser una fuerza de trabajo, los micénicos también estaban interesados en las materias primas que Anatolia occidental tenía para ofrecer. Durante el final de la Edad de Bronce, Anatolia era rica en madera, cobre, oro y plata, y estos fueron, sin duda, los artículos que atrajeron a los micénicos a Anatolia en primer lugar.

Una inscripción en la pared del templo de Karnak (Luxor, Egipto) habla de la "gente del mar" luvita, que atacó el Delta del Nilo durante el reinado del hijo de Ramsés II, Merenptah (quien gobernó entre 1213 y 1204). Los nombres mencionados en esta inscripción son Shirdana, Shekelesh, Ekwesh, Lukka y Teresh. La lingüística de estos nombres sugiere que todos ellos eran pueblos de habla luvita, y como la mención de Lukka está entre ellos, esto prácticamente confirma esta teoría. Esta invasión fue considerada como un preludio de la gran invasión de los Pueblos del Mar. La magnitud de esta invasión fue atestiguada por los territorios que atravesaron, y fueron muchos de ellos. Las tierras destruidas mencionadas incluyen Arzawa, Hatti, Qode (posiblemente Cilicia), Karkemish y Alasiya. Mirando la lista de reinos, es evidente que la expansión de los Pueblos del Mar se extendió por casi todo el Cercano Oriente.

Después de la caída del Imperio hitita, el pueblo luvita y los elementos de la cultura luvita sobrevivieron a través de los siglos. Los luvitas tuvieron una fuerte influencia en los reinos que se desarrollaron en los territorios que solían pertenecer al otrora gran Imperio hitita. Estos elementos aparecen principalmente en las regiones del sur de Anatolia. Los nombres de los luvitas en las regiones del sur de Anatolia en el primer milenio a. C. indican su existencia hasta los períodos imperiales helenístico y romano. Estos elementos onomásticos de origen luvita se encuentran en los documentos de Lucía, Pisidia, Panfilia, Isauria, Licaonia y Cilicia. Cilicia Aspera (Traquea) y Licia son dos regiones donde los nombres luvitas se concentran en gran número. Debido a esta concentración de nombres, la conclusión es que estos fueron los centros de la ocupación luvita en el sur de Anatolia después de la caída de los reinos neo-hititas. Ambas regiones son montañosas y no son fácilmente accesibles por tierra o por mar. Este aislamiento podría ser lo que ofreció la oportunidad para el pueblo luvita de sobrevivir al agitamiento y a las intrusiones extranjeras durante el final de la Edad de Bronce. Pero este aislamiento tuvo sus inconvenientes en un sentido histórico. Los luvitas que habitaban las regiones montañosas son raramente mencionados en los textos y documentos sobrevivientes. Con la excepción de esos nombres, nada más sobrevivió; por lo tanto, los historiadores carecen de detalles concretos sobre estos pueblos.

Las inscripciones locales que han sobrevivido en Licia son prueba suficiente de que esta región estuvo habitada principalmente por gente de habla luvita durante los primeros seis siglos de la Edad de Hierro. Pero Cilicia Aspera no tiene este tipo de inscripciones que han sobrevivido. Sin embargo, las similitudes en los nombres usados en Licia y Cilicia pueden llevarnos a la conclusión de que Cilicia también estaba habitada por una gran población luvita. Cilicia estaba dividida en dos partes, Cilicia Aspera, que abarcaba las regiones montañosas, y Cilicia Campestre, las fértiles llanuras del este. En Cilicia Campestre se encontró una inscripción jeroglífica fenicia bilingüe. Esta inscripción aparece en las puertas norte y sur de la fortificación de Karatepe-Aslantas. La inscripción fue encomendada por un gobernante local llamado Azatiwada, que afirmó haber traído la paz a la tierra de Adana y que fue él quien estableció la familia real en el trono. En la misma inscripción, Azatiwada menciona el nombre de Muksa, que los historiadores creen que es un vidente luvita llamado Mopsos, que fue el líder del pueblo luvita que emigró de Anatolia occidental a Cilicia. Azatiwada mencionó que Muksa es también el fundador de la familia gobernante en Cilicia.

Licia, un país del suroeste de Anatolia, es el mejor ejemplo de la presencia luvita en el primer milenio antes de Cristo. Licia es, de hecho, una región que fue llamada las tierras de los lukka en los textos y documentos hititas. Esta región no se vio afectada por la caída de los reinos durante el final de la Edad de Bronce. Se especula que las tierras lukka recibieron refugiados luvitas de otros reinos que formaban parte de las tierras de Arzawa o de otras regiones occidentales de Anatolia. Licia también estaba rodeada por una región montañosa, que servía como frontera natural de aislamiento que pudo haber ayudado a este territorio a preservar sus elementos luvitas.

Anatolia en el período grecorromano

Licia es el nombre griego del país que se encontró por primera vez en la *Ilíada* de Homero. Sin embargo, los habitantes de Licia llamaban a su país Trmmisa. El nombre griego es obviamente una transcripción del nombre Lukka de la Edad de Bronce, aunque algunos historiadores han tratado de explicar el nombre usando evidencias helenocéntricas, afirmando que el nombre Licia es puramente de origen griego. En cuanto al nombre Trmmisa, es posible que haya existido una fuerte presencia política y cultural en Licia de otro grupo de personas, posiblemente inmigrantes cretenses, que se llamaban a sí mismos trmmili. Esto explicaría cómo el término se convirtió en sinónimo de todos los pueblos que habitaban las tierras de Licia.

Dado que Licia estaba habitada principalmente por un pueblo de habla luvita, se presume que continuaron su forma de vida nómada. Esto significa que estaban dispersos por las montañas, pastoreando rebaños y manadas durante los calurosos meses de verano. Sin embargo, había un número de asentamientos permanentes, principalmente centros religiosos o políticos. El valle de Janto era probablemente la principal zona de asentamiento en Licia. La tierra allí era fértil, rica en cultivos y huertos debido al río Janto, cuyas orillas eran un área para algunos de los primeros asentamientos en esta región.

Licia aparece por primera vez en los textos extranjeros, en Rodas, para ser específicos, durante el primer milenio. Parece que Rodas era enemiga de Licia. Los habitantes de esta ciudad se asentaron en la costa sur de Anatolia, una región que más tarde se convertiría en la Licia Oriental. Sin embargo, aparte de los conflictos con Rodas, Licia permaneció sin influencia de otras potencias extranjeras, probablemente debido a su aislamiento del resto de Anatolia. Heródoto, un influyente historiador griego que vivió durante el siglo V a. C., afirmó que Licia y Cilicia eran las únicas tierras que permanecían libres de la ocupación del rey Creso de Lidia.

Pero en 540, Licia finalmente sucumbió ante una potencia extranjera. Harpago, un general medo que trabajaba para los persas, hizo campaña en estas regiones, y se enfrentó a un pequeño ejército licio, al cual derrotó fácilmente y luego se apoderó de Janto. Heródoto escribe que, cuando los licios vieron que estaban derrotados, reunieron a sus esposas, hijos, esclavos y todas las propiedades que pudieron mover dentro de Janto y lo quemaron todo. Hicieron un último ataque contra el ejército persa, pero no tuvieron éxito y murieron todos. Licia se convirtió finalmente en un estado vasallo del Imperio persa, y la ciudad de Janto fue reconstruida y repoblada. Alrededor de 516/515 a. C., la primera familia gobernante se estableció en Janto, probablemente con gran influencia del Imperio persa. Licia se convirtió en una leal aliada de los persas hasta el siglo V, cuando pasó a formar parte de la Liga de Delos. Sin embargo, Licia se separó de esta confederación, probablemente durante la guerra del Peloponeso, que comenzó en 431. Poco después, retomó su alianza con Persia. En 367, Licia participó en una rebelión sátrapa contra Persia, pero esta rebelión fue aplastada después de nueve años, y Licia volvió a ser el sujeto del Imperio persa, perdiendo así gran parte de su autonomía. Este nuevo estatus no duró mucho tiempo, ya que en 334/3, Licia fue invadida por Alejandro Magno y nunca más estuvo bajo el dominio persa.

La reconstrucción de la historia de los pueblos de habla luvita resulta ser una tarea difícil debido a la falta de pruebas. Lo que se conoce de las regiones que habitaron proviene en su mayoría de inscripciones dejadas por vecinos enemigos. Estas inscripciones también son muy tendenciosas y deben ser tomadas con cautela en cuanto a su exactitud. Los únicos textos que son originalmente luvitas son de naturaleza religiosa, y fueron insertados en documentos hititas. Ellos proporcionan alguna evidencia de la cultura luvita, pero no hay textos que proporcionen información histórica sobre estos pueblos. Los luvitas de la Edad de Bronce son conocidos principalmente por los textos o la correspondencia entre los gobernantes hititas, cuyos intereses en las tierras habitadas por los luvitas eran limitados.

Los hititas fueron una fuerza dominante en Anatolia durante el período de la Edad de Bronce, por lo que se sabe que los luvitas tenían una relación con el Imperio hitita. Se veían como enemigos, o al menos como amenazas potenciales el uno al otro, y muchos de los textos hititas sobrevivientes que se refieren a las tierras luvitas son propaganda contra ellos.

Después de la Edad de Bronce, la historia luvita se basa en la suposición de que la aparición de inscripciones luvitas significa que hubo una presencia real de pueblos de habla luvita en el sur de Anatolia. De hecho, hay una gran posibilidad de que los luvitas fueran solo una minoría en estas regiones, ya que la cultura dominante en ese momento era la hurrita. También se sabe que el sistema jeroglífico luvita fue adoptado por otras etnias como una forma más simple y efectiva de escribir. Los hititas fueron los primeros en adoptar los jeroglíficos luvitas y reemplazaron su propia escritura cuneiforme con ellos. Esto pudo haber sucedido durante el inicio de la Edad de Hierro, y, por lo tanto, las inscripciones encontradas en luvita podrían no ser de origen luvita de hecho.

Un número significativo de nombres luvitas en ciertas regiones, así como el uso de la escritura jeroglífica luvita, confirma la existencia de poblaciones de habla luvita, pero no atestiguan ninguna influencia luvita en la cultura o política de estas tierras. Por otro lado, tenemos un grupo de nombres luvitas en Cilicia y Licia, pero faltan inscripciones jeroglíficas luvitas. Por eso los historiadores hablan de la existencia de elementos luvitas más que del propio pueblo luvita. Sin embargo, el cambio a un mundo de orientación helenística podría haber tenido alguna influencia en la elección de la escritura en el sur de Anatolia, y podría no haber tenido nada que ver con la existencia, o no existencia, de luvitas en Cilicia y Licia. El lenguaje basado en el luvita todavía se utilizaba en Licia durante los siglos VI a IV a. C., cuando se usaba el alfabeto griego. Esto es un indicador de una presencia casi segura de luvitas en Licia.

En cuanto a Siria, no hay pruebas de que un pueblo de habla luvita haya establecido un asentamiento allí. Aunque se han encontrado varias inscripciones en Siria que utilizan jeroglíficos luvitas, son de origen neo-hitita. Al igual que el título de "El Gran Rey", la escritura luvita fue transmitida entre las familias reales de los reinos neo-hititas. Puede ser que no haya suficiente evidencia de un asentamiento luvita, pero el uso de la escritura luvita habla de la magnitud de su influencia en la antigua Anatolia.

Capítulo 4 – El Imperio Neoasirio

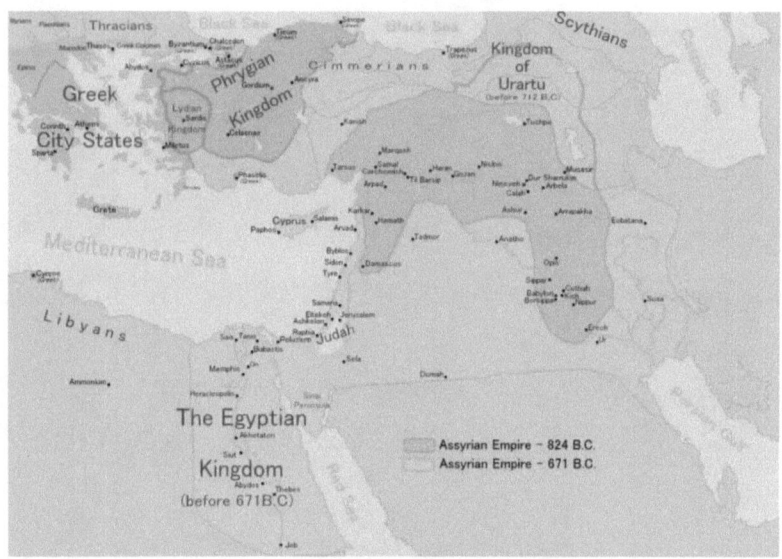

Mapa del Imperio neoasirio

El Imperio neoasirio fue el mayor imperio del mundo durante el período conocido como la Edad de Hierro. Duró desde el año 911 hasta el 609 a. C. y sucedió a los Imperios asirio Antiguo (2025 a 1378) y Medio (1365 a 934) de la Edad de Bronce. Su idioma oficial era el arameo, pero muchos otros idiomas eran comunes, incluyendo el hitita, el hurrita, el egipcio y el fenicio. Esto se debe a la práctica asiria de reubicar a la gente de los territorios recién conquistados en el viejo núcleo del imperio.

Durante su apogeo, el Imperio neoasirio se extendió desde las Montañas de Zagros en el este hasta el Levante (la actual Siria-Palestina) y gran parte de Egipto en el oeste, y desde el golfo Pérsico en el sur hasta el nacimiento del Tigris y el Éufrates en Anatolia. Este enorme territorio es lo que hizo del Imperio neoasirio el mayor imperio que la Edad de Hierro conoció y también uno de los más duraderos, ya que duró alrededor de 300 años.

El primer emperador del período neoasirio fue Ashur-dan II, que gobernó entre el 934 y el 912 a. C. Ashur-dan II comenzó a reclamar y expandir los territorios del Imperio asirio, una práctica que fue adoptada por sus sucesores. Su hijo, Adad-nirari II, fue el que aseguró que Asiria fuera reconocida como una gran potencia en el mundo conocido. Dirigió campañas de guerra contra Egipto, donde logró derrocar a la dinastía nubia. Luego procedió a la conquista de Elam, Urartu, Media, Persia, Canaán, Arabia, Israel, Judá, Samarra, Cilicia, Chipre, Caldea y los estados neo-hititas, entre otros. Los asirios hacían guerras contra sus vecinos todos los años y tenían un ejército bien organizado y moderno para esta época.

Sin embargo, los asirios, en general, se quedaron atrás de otros imperios en cuanto al uso del hierro. Los hititas dominaban la producción de hierro en el siglo XIII a. C., pero Asiria solo empezó a utilizarlo en el siglo IX. Hasta entonces, los asirios dependían principalmente del bronce para las armas y herramientas. Incluso entre los siglos IX y VIII, Asiria solamente usaba el hierro obtenido a través del botín de guerra de los hititas derrotados. Sin embargo, a finales del siglo VIII, comenzaron a extraerlo y a trabajarlo ellos mismos. Este retraso en el uso del hierro no afectó al éxito militar asirio. De hecho, muchas de las mejoras e innovaciones tecnológicas del inicio de la Edad del Hierro se atribuyen a los asirios. Por ejemplo, fueron ellos los que desarrollaron carros avanzados con una plataforma que podía soportar tres o incluso cuatro hombres: un conductor, un arquero y un portador de escudos. Además, mejoraron los arietes, inventaron las rampas de tierra y emplearon zapadores (ingenieros de combate).

La estructura política del Imperio neoasirio se basaba en la herencia del período asirio medio. El rey era considerado como alguien que tenía una relación íntima con el dios Ashur, y era el que imponía la voluntad divina. Los reyes tenían poder absoluto sobre el estado y también estaban a cargo de manejar un gobierno eficiente. Además, eran los responsables de la vida religiosa del imperio y tenían que encargarse del mantenimiento de los santuarios. En cambio, en el Imperio neoasirio, no existía un código legal formal. Los reyes eran los legisladores supremos y los jueces principales. La mayoría de los asuntos jurídicos comunes estaban regulados por las costumbres, pero el rey tenía derecho a intervenir en cualquier asunto jurídico que considerara necesario.

Los reyes asirios no se consideraban inmortales, sino que eran seres humanos supremos muy mortales. Los reyes también eran los líderes militares, ya que Asiria era un estado militar, pero no siempre lideraban el ejército en persona. El ejército era normalmente dirigido por sacerdotes que llevaban las estatuas de sus dioses frente a las procesiones religiosas. Para ellos, las guerras eran acciones religiosas, y siempre fueron vistas como la voluntad de Ashur.

La administración del imperio hacía una clara distinción entre las provincias asirias centrales, las provincias del norte de la Mesopotamia, que pagaban diferentes impuestos, y los estados vasallos del Imperio asirio, que tenían que pagar un tributo especial al imperio. Cada provincia tenía un gobernador nombrado por el propio rey, mientras que los estados vasallos tenían sus propias familias gobernantes leales a Asiria.

No se ha conservado suficiente información sobre la vida cotidiana de la gente común. La mayoría de la población estaba formada por agricultores y trabajadores. Los clanes vivían juntos en las aldeas, cuidando las explotaciones agrícolas de los alrededores. Cada aldea tenía un alcalde que era su representante ante los funcionarios del Estado y que también era, en algunos casos, el juez local. No se han registrado rebeliones del pueblo común contra el dominio asirio. Las únicas rebeliones registradas fueron las de las familias nobles que luchaban contra el imperio. El Estado era el propietario de todo lo que se producía mientras que el rey era el responsable de proporcionar la infraestructura, la construcción y la expansión de las tierras agrícolas, incluido el comercio, aunque el comercio a veces empleaba contratistas privados. El estado era el mayor empleador de mano de obra, gente libre, gente semilibre y esclavos.

El colapso de la Edad de Bronce (1200 a 900 a. C.), también conocido como la Edad Oscura del Cercano Oriente, no afectó al Imperio asirio Medio al menos durante los siguientes 150 años. Mientras los reinos se desmoronaban a su alrededor, los asirios parecían no estar afectados en absoluto. Sin embargo, después de la muerte del rey Ashur-bel-kala en 1056, comenzó el declive del imperio. En apenas un siglo, Asiria perdió todos sus territorios y terminó controlando solo áreas en las inmediaciones de la propia Asiria.

Los pueblos semitas, los arameos, caldeos y suteanos, habitaban las áreas del oeste y suroeste de Asiria, incluyendo partes de Babilonia en el sur. Al este de Asiria, las tierras estaban habitadas por los persas y los partos. En el norte, los frigios conquistaron los reinos neo-hititas. En el este de Anatolia, los hurritas organizaron un nuevo reino llamado Urartu. A pesar de perder todos sus territorios, Asiria se mantuvo como un estado fuerte y estable. Esta estabilidad permitiría a los reyes de la Edad de Hierro retomar todos sus territorios perdidos y expandir su imperio aún más.

El rey Adad-nirari II (quien gobernó del 911 al 891 a. C.) sucedió a su padre después de algunas luchas dinásticas menores. A menudo se le considera el primer rey del Imperio neoasirio, pero algunos historiadores sostienen que fue su padre, Ashur-dan II.

Adad-nirari II comenzó su gobierno con una campaña militar para conquistar los territorios que ya tenían el estatus de estados vasallos. En 910, en la unión de los ríos Jabur y Éufrates, derrotó a los arameos. Después de tomar sus tierras, deportó a los arameos, estratégicamente haciendo imposible que causaran problemas en el futuro. Además, dirigió campañas militares regulares y conquistó a los neo-hititas y los hurritas en el norte. Incluso atacó y derrotó dos veces al rey babilónico Shamash-mudammiq, tomando las tierras y ciudades del centro de Mesopotamia. Más tarde, durante su reinado, hizo la guerra contra el siguiente rey de Babilonia, Nabu-shuma-ukin I, y tomó aún más territorios. En el oeste, Adad-nirari conquistó la región del río Jabur, así como las ciudades arameas de Kadmuh y Nísibis.

Su hijo y sucesor fue Tukulti-Ninurta II (quien gobernó entre 891 y 884), quien continuó con la expansión del Imperio neoasirio, conquistando tierras en Asia Menor. Su reinado fue corto, pero confirmó el poder de Asiria en la región. Dirigió una campaña de guerra contra el estado arameo de Bit-Zamani, obligando a su rey a firmar un tratado que les prohibía vender caballos a los enemigos asirios. Bit-Zamani se convirtió en aliado de los asirios con este tratado, pero no mucho después, obtuvo el estatus de estado vasallo. Tukulti-Ninurta II fue conocido por desarrollar las ciudades de Nínive y Asiria, mientras que también reforzó las murallas de la ciudad y construyó palacios, templos y jardines.

Después de Tukulti-Ninurta, el trono fue ocupado por su hijo Asurnasirpal II (quien gobernó entre el 883 y el 859), cuyo reinado fue lleno de conquistas. También comenzó un programa de expansión muy agresivo, que llevó a algunas revueltas que fueron rápidamente aplastadas. Asurnasirpal era conocido por ser un rey brutal que utilizó a los cautivos de la guerra para construir la nueva sede del poder, una ciudad llamada Nimrud, situada en Mesopotamia. Pero también aumentó la riqueza de Asiria e invirtió considerablemente en el arte. En lugar de depender de los gobernantes locales de los estados vasallos, Asurnasirpal instaló sus propios gobernantes, obteniendo así un mejor control y aún más poder sobre el Imperio asirio.

Asurnasirpal hizo campaña contra los arameos y los babilonios, al igual que sus predecesores. Sin embargo, su mayor logro fue la guerra contra los estados neo-hititas. Antes de su campaña militar en las tierras hititas, Asurnasirpal tuvo que enfrentarse a una rebelión que ocurrió en el año 877 en la región del Éufrates Medio.

Aparentemente, las tierras de Laqe, Hindanu y Suhu rompieron su lealtad al imperio y formaron una coalición que se volvió hostil hacia Asiria. Para reprimir esta rebelión, Asurnasirpal marchó con su ejército al Éufrates, donde tuvo que transportar a las tropas usando una estrategia poco convencional, es decir, usando pieles de cabra infladas. El rey asirio aplastó a las fuerzas rebeldes, destruyó sus ciudades y deportó a su población. El estado arameo de Bit Adini apoyó esta rebelión anti-asiria y por lo tanto tuvo que responder por ella. Asurnasirpal lanzó otra campaña, esta vez en los territorios de Bit Adini, probablemente al año siguiente (se desconoce la fecha exacta). Destruyó la ciudad fortaleza de Kaprabu, masacrando y esclavizando a su población. Asurnasirpal no se esforzó por conquistar Bit Adini; solo quería pacificar la región. Sin embargo, recibió un importante tributo de su gobernante, Ahuni. Parecía que Ahuni había aceptado la victoria asiria, y se mantuvo en paz con ellos por el momento. Pero más tarde, durante el reinado del hijo de Asurnasirpal, Salmanasar III, lideraría otra rebelión en esta región y sería testigo de cómo su estado se derrumbaba.

Después de pacificar estas tierras arameas, Asurnasirpal estaba listo para comenzar su campaña en Siria. Su primer objetivo era Karkemish, la capital de los neo-hititas. Su gobernante era un hombre llamado Sangara, quien, a la llegada del ejército asirio, entregó la ciudad sin resistencia. Karkemish fue, durante este período, una de las ciudades hititas más prósperas, y su captura trajo enormes riquezas al rey asirio. La ciudad rindió homenaje a Asurnasirpal, dándole 20 talentos de plata, 100 talentos de bronce, 250 talentos de hierro, así como muebles, tronos, colmillos de elefante, un sofá y una carroza hecha completamente de oro, 200 muchachas y todo el ejército de la ciudad, que incluía infantería, carros y caballería. Con este pago, Sangara se aseguró de que el ejército asirio no destruyera la ciudad. Después de la rendición de Karkemish, Asurnasirpal declaró que todos los reyes de esta región se inclinaban ahora ante él, lo que podría indicar que se sentían intimidados por la caída de Karkemish y, como resultado, se rindieron. Probablemente le rindieron grandes tributos a Asurnasirpal y aseguraron más tropas para sus expediciones a zonas más profundas de Siria. Para asegurarse de que las tierras recién conquistadas se mantuvieran sumisas a su gobierno, Asurnasirpal les tomó setenta rehenes. Estos rehenes tuvieron que acompañarlo en su marcha hacia el Mediterráneo.

Asurnasirpal comenzó entonces a conquistar los estados costeros de Siria, lo que lo llevó a las partes más septentrionales de los reinos neo-hititas. Aquí, conquistó Pattin, un estado neo-hitita luvita que los asirios llamaban Unqi. El control de Pattin aseguró a Asurnasirpal el dominio sobre toda la costa levantina.

Luhuti fue el primer estado de Siria que reunió una resistencia armada contra el ejército de Asurnasirpal. Sin embargo, no fueron rival para el ejército asirio, que destruyó sus ciudades y masacró a su gente. Las fuerzas defensoras fueron empaladas frente a las ruinas de las ciudades para servir de advertencia a cualquier otro estado que contemplara resistirle al Imperio neoasirio. Las noticias del destino de Luhuti viajaron mucho antes que Asurnasirpal mientras marchaba hacia el Monte Líbano. Los gobernantes de las ciudades fenicias de esta región cumplieron con las exigencias asirias para evitar la destrucción de sus tierras. Al llegar al Mediterráneo, Asurnasirpal declaró su victoria sobre la costa levantina. Muchas de las riquezas reunidas durante esta campaña sirvieron como materiales de construcción para la edificación de la nueva capital de Asurnasirpal, Kalkhu, más conocida como Nimrud. Conquistando las tierras sirias, Asurnasirpal abrió rutas comerciales hacia el oeste. Los estados occidentales tuvieron que pagar a Asiria un tributo para asegurar su libertad. Mientras siguieran pagando, Asurnasirpal prometió que no realizaría campañas militares en sus tierras.

Asurnasirpal también conquistó algunas ciudades fenicias y cananeas, pero eligió no destruirlas. En vez de eso, cobraba un tributo anual, que usaba para equipar a su ejército y para invertir en el desarrollo de la capital asiria. El único fracaso fue el asedio de Tiro, pero esta ciudad fenicia decidió pagar tributo a Asiria para asegurar que no se produjeran más ataques a sus murallas. Tiro era la principal ruta comercial hacia Rodas y Mileto, y debido a su tributo, se convirtió en una importante fuente de materias primas para el Imperio asirio.

Salmanasar III, hijo de Asurnasirpal II, gobernó el Imperio neoasirio entre 859 y 824, siguiendo con la práctica de su padre de realizar expediciones militares anuales durante su largo reinado. Guerreó contra las tribus orientales, Babilonia, las naciones de Mesopotamia y Siria, y el Reino de Anatolia de Kizzuwatna y Urartu. También sometió los reinos de Hamath y Aram Damasco. Se registraron 34 campañas militares de Salmanasar, de las cuales 19 tuvieron lugar a través del Éufrates en las regiones hititas. Allí, se encontró con una resistencia mucho más seria que la de su padre porque los estados del oeste habían formado una coalición. Su enemigo común, el Imperio asirio, había unido a los reinos neo-hititas y a sus gobernantes. A la entrada de Salmanasar en Siria, recibió el tributo de Hattusili, el rey de Kummuh, y Muwatalli, el rey de Gurgum; sin embargo, su siguiente objetivo demostró ser más resistente. En el reino arameo de Sam'al, se encontró con las fuerzas aliadas de Bit Adini, Karkemish, Sam'al y Pattin. Individualmente, ninguno de estos reinos tenía una oportunidad contra el poder del ejército asirio, pero juntos, demostraron ser un desafío mayor. Los registros asirios cuentan la historia de una gran victoria de Salmanasar, pero la realidad podría haber sido diferente. Salió victorioso contra los reinos aliados, pero no destruyó sus tierras ni mató a sus ejércitos. Poco después, tuvo que enfrentarse de nuevo a las mismas fuerzas aliadas en el campo de batalla. Salmanasar los derrotó por segunda vez, y en homenaje a sí mismo, levantó una gran estatua inscrita con los registros de su victoria. Pero esta victoria parecía haber logrado poco, ya que otra alianza anti-asiria fue convocada por el rey Suppiluliuma de Pattin. Los reinos de Adanawa, Hilakku, Yasbuq y Yahan respondieron a la llamada de Suppiluliuma y reunieron sus fuerzas cerca de la ciudad de Alimush. A pesar del tamaño de las fuerzas de la alianza recién formada, no eran rival para el bien entrenado y organizado ejército del Imperio asirio. Salmanasar salió victorioso una vez más, y obtuvo el control completo de los estados sirios.

Al tomar el norte de Siria, Salmanasar abrió el camino para conquistar los estados y ciudades más ricos del sur. Él lanzó una nueva campaña en el valle de Orontes, donde atacó a Hamath, que estaba gobernado por el rey Irhuleni, y destruyó por completo las ciudades del norte de Adennu, Barga y Argana. Las partes central y sur del reino de Irhuleni estaban todavía intactas, y el rey eligió llamar a una nueva alianza contra Asiria en lugar de sucumbir bajo su gobierno. Aquí es donde Salmanasar se encontró con una segunda coalición, pero esta incluía once estados. El escriba de Salmanasar registró entre 50.000 y 60.000 unidades de infantería, 4.000 carros, 2.000 unidades de caballería y 1.000 camellos pertenecientes a las fuerzas enemigas, pero estas cifras pueden ser exageradas debido a la propaganda. Sin embargo, aunque los ejércitos se reduzcan a sus números más probables, las fuerzas con las que Salmanasar se encontró eran considerables. Los principales líderes de las fuerzas aliadas eran el rey Irhuleni de Hamath y el rey Hadadezer de Damasco.

El ejército asirio se enfrentó a las fuerzas aliadas en la ciudad de Qarqar en 853. La batalla de Qarqar es un punto de la historia donde los árabes son, por primera vez, mencionados en las escrituras. Se desconocen los detalles de la batalla, pero Salmanasar se jacta de cómo derrotó a sus enemigos y los combatió desde la ciudad de Qarqar hasta la ciudad de Gilzau. Además, proclama que masacró a 14.000 soldados y también habla de hacer un puente sobre Orontes con los cuerpos de los soldados enemigos.

La victoria de Salmanasar demostró que los números por sí solos no eran suficientes para derrotar al ejército asirio. La diversidad de las fuerzas aliadas puede haber dificultado la coalición, ya que no estaban disciplinados o acostumbrados a luchar juntos. Sin embargo, todos los líderes de la alianza sobrevivieron con la posibilidad de luchar otro día, porque su coalición se volvería a formar y desafiarían a Salmanasar una vez más en el futuro.

En solo dos campañas, lideradas en 851 y 850, Salmanasar conquistó partes de Babilonia. Esta conquista comenzó debido a que Babilonia estaba dividida entre dos hermanos, Marduk-zakir-shumi I y Marduk-bel-usati. El hermano mayor, Marduk-zakir-shumi, pidió a Salmanasar ayuda para someter a su hermano Marduk-bel-usati. Marduk-zakir-shumi se arriesgó a desatar las hordas asirias en sus propias tierras con la esperanza de dominar a su hermano rebelde. Debía necesitar mucha ayuda, ya que no solo pidió algunas tropas, sino a todo el ejército asirio y al propio rey Salmanasar como su líder. Marduk-bel-usati no tenía ninguna posibilidad contra los asirios, y su rebelión terminó. Pero se necesitaron dos campañas para terminar lo que fue iniciado con la invitación del rey babilonio. La ciudad de Gannanate, donde se escondía el propio Marduk-bel-usati, resistió el primer ataque. Sin embargo, en el segundo año de la campaña babilónica, Salmanasar logró conquistar Gannanate, saqueando sus tesoros y masacrando a su población. Marduk-bel-usati escapó de la ciudad y se escondió en la montaña Arman, pero allí, su suerte acabó, y fue capturado y asesinado.

Después de terminar las campañas en Babilonia, Salmanasar volvió a poner sus ojos en el oeste, donde se estaba gestando un levantamiento contra Asiria y donde tendría que enfrentarse por segunda vez a la coalición de once estados. En el año 848, Salmanasar marchó a encontrarse con sus enemigos en la tierra de Hamath. Afirmó que había conquistado noventa ciudades durante su marcha para finalmente enfrentarse a las fuerzas combinadas de las tierras sirio-palestinas. La alianza sufrió una dura derrota, pero varios años más tarde, se reagruparon y una vez más desafiaron al rey asirio.

Tres años más tarde, en 845, Salmanasar regresó para poner fin a la coalición sirio-palestina. El líder de las fuerzas aliadas, el rey Hadadezer, murió en fecha desconocida entre 845 y 841, por lo que la coalición se desmoronó, dejando a Aram-Damasco para luchar sola contra Asiria. En el año 841, Salmanasar se proclamó vencedor de Aram-Damasco, pero Hazael, el nuevo rey, huyó a la ciudad de Damasco, donde el ejército asirio lo cercó. Incluso tres años después,

Salmanasar no pudo tomar Damasco, a pesar de haber destruido sus alrededores, bloqueado las rutas comerciales y destruido sus campos y huertos. No obstante, Israel y varias ciudades fenicias enviaron tributos a Salmanasar, aceptando su gobierno.

En 839, Salmanasar decidió atacar las tierras de Adanawa en el sudeste de Anatolia. El motivo del ataque se encuentra en la invitación que el rey de Sam'al, Kilamuwa, envió a Salmanasar. Este quería que el rey asirio viniera y le ayudara a tomar las tierras de los danunianos (Adanawa). En la primera campaña en las tierras de Adanawa, Salmanasar afirmó que había conquistado tres ciudades fortificadas llamadas Lusanda, Abarnanu y Kisuatnu. Se necesitaron tres expediciones militares más para finalmente someter a Adanawa en 833. Previamente en 836, Salmanasar conquistó el territorio de Tabal, que, junto con Adanawa, marcó el final de la expansión asiria bajo el gobierno del rey Salmanasar III. Cualquier otra campaña militar dirigida por él era puramente contra los levantamientos y rebeliones que ocurrieron en sus propias tierras contra su hijo Assur-danin-pal.

El hijo mayor casi destruiría el Imperio asirio, ya que 27 ciudades se unieron a Assur-danin-pal. Pero la rebelión no fue contra el propio rey sino debido a que algunos de los gobernadores tomaron demasiado poder. Esta rebelión fue sofocada por el hijo menor y sucesor de Salmanasar, Shamshi-Adad V, que gobernaría desde el 824 al 811 a. C.

El reinado de Shamshi-Adad V estuvo marcado por sus campañas contra Mesopotamia. En 814, Shamshi-Adad lanzó varias campañas en territorio babilónico, con la batalla principal teniendo lugar en la ciudad de Dur-Papsukkal. Esta ciudad estaba situada en la región de Diala (parte del actual Iraq) en el este de Babilonia. El oponente de Shamshi-Adad era el hijo de Marduk-zakir-shumi I, Marduk-balassu-iqbi. Los asirios reclamaron la victoria en esta batalla, pero parece que el resultado fue algo poco conclusivo porque Shamshi-Adad lanzó otra campaña contra Babilonia en el año 813, esta vez con la batalla principal teniendo lugar cerca de Der, otra ciudad de la misma región.

Marduk-balassu-iqbi fue capturado y llevado como prisionero a Asiria. Al año siguiente, los asirios tuvieron que volver a Babilonia y enfrentarse a su nuevo rey, Baba-aha-iddina, quien, como su predecesor, también fue llevado prisionero a Asiria. Babilonia fue dejada en pleno caos y anarquía durante los siguientes sesenta años hasta el año 747, cuando el rey Nabonasar tomó el control.

El hijo de Shamshi-Adad, Adad-nirari III, gobernó entre 810 y 783. Él dirigió su atención hacia el oeste, al otro lado del Éufrates, donde sus vecinos disfrutaban de un breve momento de paz. Adad-nirari comenzó sus campañas hacia el oeste en 805, donde se enfrentó a una coalición de estados, al igual que su abuelo. Ocho reyes formaron una alianza, que fue liderada por Attar-shumki, el rey del reino arameo de Arpad (Bit Agusi). Adad-nirari salió victorioso de esta coalición, pero no logró romper la alianza. Durante los siguientes diez años de su gobierno, esta alianza continuaría desafiándolo. Durante su reinado, sin embargo, logró invadir el Levante y conquistar a los arameos, fenicios, filisteos, israelitas y neo-hititas de allí. Incluso conquistó Damasco, pero dejó a la familia real de Ben-Hadad III para gobernarla. En su lugar, Adad-nirari se conformó con recibir un tributo anual de su parte. Continuó sus conquistas en Irán, donde subyugó a los persas, medos y mannai, y siguió su marcha hasta el mar Caspio. Las últimas expediciones militares de Adad-nirari fueron a la región sur de Mesopotamia, donde conquistó a las tribus caldeas y suteanas e impuso un estatus de vasallo a sus estados. Su prematura muerte en 783 fue el comienzo de un período de estancamiento para el Imperio neoasirio en lo referente a su política de expansión.

Un hecho interesante sobre la campaña de Adad-nirari hacia el oeste fue la presencia de su madre, Sammuramat, que siguió a su hijo en expediciones militares y obtuvo algunas victorias militares en su propio nombre. Ella es un personaje que se menciona en la historia, pero también en los mitos que forman parte de la tradición clásica. En varias inscripciones asirias, se la menciona a menudo como "mujer de palacio" del rey Shamshi-Adad V y la nuera del gran Salmanasar

III. En las leyendas, se la conoce como Semíramis, y aparece en las fuentes griegas, así como en varios textos de los estados del Cercano Oriente. Se le atribuyó la victoria de Bactria, pero también se la conoció por haber construido las murallas de Babilonia y algunos otros monumentos destacados en todo el país. Las fuentes armenias la mencionan como conquistadora de Urartu. Se desconoce si las fuentes son exactas o solo una exageración de su persona. Sin embargo, la madre del rey siguiendo a su hijo en expediciones militares debe haber sido una visión inusual. Ella era sin duda una persona de importancia sin precedentes en el Imperio asirio, ya que se la menciona en varios escritos y documentos importantes, y ya que tenía una estela real propia.

El período de estancamiento del Imperio neoasirio duró de 783 a 745. Se suele creer que el sucesor de Adad-nirari III, Salmanasar IV, era un gobernante débil, y todas las conquistas militares durante la época de su gobierno fueron acreditadas a su general, Shamshi-ilu.

En 772, Ashur-dan III tomó el trono, pero también demostró ser un gobernante débil. Tuvo que hacer frente a las rebeliones en algunas de sus ciudades, incluyendo Ashur, Arrapha y Guzana. Intentó ganar más territorio babilónico y sirio, pero fracasó en sus campañas militares. Siguiendo sus pasos, vino otro rey débil, Ashur-nirari V, y su reinado se caracterizó por la agitación interna del estado y rebeliones.

Finalmente, en el año 744, Tiglath-Pileser III ascendió al trono y trajo la tranquilidad a Asiria. Se cree que fue miembro de la misma dinastía, pero Tiglath-Pileser apoyó la sublevación contra Ashur Nirari V. Algunos historiadores afirman que incluso era su hijo, pero no hay pruebas que apoyen esta afirmación. Algunos historiadores ven a Tiglath-Pileser como un usurpador que se aprovechó de las rebeliones contra el rey anterior para reclamar la corona para sí mismo. Cualquiera que fuera su camino al trono, Tiglath-Pileser se convirtió en rey en el momento justo. Las luchas internas del Imperio neoasirio fueron tan turbulentas que podrían haber aplastado el imperio si no fuera por Tiglath-Pileser.

Durante el período de estancamiento en Asiria, el Reino de Urartu tomó algunos de los territorios del norte de la Mesopotamia y conquistó algunos antiguos afluentes asirios. Sin embargo, Tiglath-Pileser no esperó, y en el segundo año de reinado, lanzó una expedición militar para recuperar los territorios perdidos. Empezó con la tierra de Namri, que estaba situada en el valle superior del río Diala. El ejército asirio fue despiadado en el sometimiento de estas tierras, de forma que otros estados al este del Éufrates se sometieron rápidamente al nuevo rey asirio. En el año 743, Tiglath-Pileser giró hacia el oeste y trató de recuperar el control de los reinos a través del Éufrates, pero tuvo que enfrentarse a una fuerza combinada de los reinos de Arpad y Urartu. Esta alianza fue liderada por Sardur II de Urartu, pero se unió el rey neo-hitita de Malatya, así como Gurgum y Kummuh. Tiglath-Pileser informa de su victoria en la batalla librada en el territorio de Kummuh. Sardur fue brutalmente derrotado y tuvo que retirarse a sus propias tierras en Urartu. Los reyes de Malatya, Gurgum y Kummuh aceptaron su derrota y se sometieron al rey asirio. Todos fueron perdonados y se convirtieron en tributarios del Imperio asirio.

Todavía había que ocuparse de Arpad, y este estado era de particular interés para Tiglath-Pileser, ya que era el aliado más fuerte de Urartu. Su capital resistió al asedio asirio durante tres años hasta que finalmente cayó. No hay registros detallados del asedio en sí, solo una mención a la caída de la ciudad en las Crónicas Epónimas. Un gobernador asirio se instaló en esta región, haciendo de Arpad una provincia asiria. Este evento preparó el camino para el proceso de provincialización que Tiglath-Pileser emprendió con respecto a los estados vasallos occidentales. En el año 739, su atención se dirigió hacia el este, donde el Reino de Ulluba planeaba una invasión en territorio asirio y contaba con el apoyo del vecino Urartu. Sin embargo, Tiglath-Pileser reaccionó inmediatamente y tuvo éxito en su campaña contra Ulluba, que se convirtió entonces en una provincia del Imperio asirio.

El proceso de convertir los antiguos estados tributarios en provincias asirias continuó, ya que esta fue la forma en que Tiglath-Pileser III consolidó su poder sobre los territorios conquistados. Para asegurar aún más su dominio sobre estas regiones, Tiglath-Pileser trasladó las poblaciones locales a otras regiones del imperio y luego reemplazó su número con personas de otras regiones. Otro propósito de estas reubicaciones era romper cualquier posible alianza entre antiguos vecinos y asegurar las nuevas fronteras del Imperio asirio. En este momento, el ejército asirio se hizo profesional, y cada provincia envió un contingente militar. Los cambios que los asirios pasaron con Tiglath-Pileser como su rey son a menudo referidos como el "Segundo Imperio asirio".

El primer reino neo-hitita que se convirtió en una provincia asiria y sufrió el proceso de reubicación de la población fue Pattin en 738, que se llamó Kullani. El resto pronto le siguió. Ese mismo año, Tiglath-Pileser decidió invadir Israel e imponer un gran tributo al rey Menajem. También hizo lo mismo con Azarías, el rey de Judá, y Azriyau, el rey de Sam'al. Además, en el año 732, Tiglath-Pileser conquistó finalmente Damasco, que se había perdido desde la época de Adad-Nirari III debido a las rebeliones, y comenzó el proceso de convertirlo en una provincia. Unos años más tarde, en 727, Tiglath-Pileser III murió, pero no antes de coronarse como el nuevo rey de Babilonia, llamándose a sí mismo rey Pulu.

Tiglath-Pileser III fue sucedido por Salmanasar V, que gobernó muy brevemente desde el 727 al 722. Durante su corto reinado, atacó a Samaria (Israel) y tomó su capital, también llamada Samaria, pero solo después de tres años de asedio. El rey Oseas de Israel mantenía correspondencia con el faraón egipcio Osorkon IV, quien envió un ejército para ayudar a Israel a combatir a Asiria. Egipto quería establecerse en las tierras de Samaria, pero Salmanasar V no podía permitir que los territorios de su reino vasallo fueran tomados. Salmanasar V murió durante una expedición en Israel y fue sucedido por su hermano y comandante de sus ejércitos, Sargón II, quien terminó rápidamente la campaña en Israel.

Sargón ya era un hombre de mediana edad cuando tomó el trono. Algunos historiadores especulan que fue él quien se deshizo de su hermano para ascender al trono. El comienzo de su reinado estuvo marcado por rebeliones generalizadas. En Babilonia, Marduk-apal-iddina II se proclamó rey y tomó la corona en 721, proclamando también la independencia de Babilonia del dominio asirio. Sargón se encontró con Marduk-apal-iddina en una batalla cerca de la ciudad de Der en 720, donde el ejército asirio fue repelido, permitiendo a Babilonia recuperar sus territorios en el sur. Sargón no se rindió ante Babilonia, ya que luchó contra Marduk-apal-iddina muchas más veces, y cada vez, Sargón salió victorioso. En el 710, Marduk-apal-iddina abandonó su posición como rey de Babilonia, ya que tuvo que huir por su vida. Babilonia se rindió y, una vez más, se convirtió en parte del Imperio asirio en 709. Sin embargo, Marduk-apal-iddina continuó su rebelión contra Asiria y dirigió operaciones militares contra ellos. Esto continuó hasta el gobierno del hijo de Sargón, Senaquerib, que finalmente derrotó a Marduk-apal-iddina en 703.

En 718, Sargón lideró una campaña en Tabal, un reino neo-hitita en el centro-sur de Anatolia. Tuvo que proteger todo el territorio de Tabal contra los frigios en los territorios del noroeste, que a menudo organizaban incursiones militares que ponían en peligro las fronteras asirias. Para lograrlo, Sargón creó un reino unido del sur de Anatolia llamado Bit-Burutash, con el gobernante asirio Ambaris como su rey.

Justo después de su campaña en Tabal, Sargón II recibió la noticia de que el rey de Karkemish, Pisiri, se comunicaba en secreto con Mita, el rey de los mushki, lo cual era un acto de traición, ya que rompía el tratado que Karkemish tenía con Asiria. Sargón no podía arriesgarse a perder la estratégicamente situada ciudad de Karkemish, ya que eso dañaría la autoridad asiria en las regiones occidentales. Sin permitir siquiera que Pisiri explicara sus acciones, Sargón atacó su reino, lo saqueó y se llevó a su rey y a toda su familia de vuelta a Asiria. En 717, Karkemish se convirtió en una provincia asiria y dejó de existir como reino independiente.

En 714, Sargón decidió hacer un ataque preventivo contra el reino urartiano. Una posible motivación para ello fue la debilidad de Urartu tras numerosas incursiones de los cimerios, una tribu nómada de las estepas. Esta fue la octava campaña militar de Sargón, y fue contra el rey Rusa I, el gobernante de Urartu. La campaña fue bien documentada por el propio Sargón en su carta al dios Ashur. Sargón escribió sobre uno de sus ejércitos que tuvo que cortar un bosque y desmontar carros y llevarlos para atravesar el terreno intransitable hacia Urartu. También mencionó su aplastante victoria sobre el ejército de Rusa, haciendo con que el rey de Urartu huyera para salvar su vida. Urartu fue desgarrado por la expedición militar asiria, además de las incursiones cimerias existentes, y como resultado, el rey Rusa se suicidó después de estos acontecimientos.

Es interesante que, durante las campañas del 713, el propio Sargón no dirigió a los ejércitos. En su lugar, se quedó en su capital, y se desconoce por qué. Se especula que él actuó así debido a su avanzada edad. Su ejército, sin embargo, tuvo éxito en la toma de Cilicia y Karalla, y completaron con éxito una campaña en Tabal, mientras que Persia y Mede ofrecieron tributo para evitar la agresión.

En el año 711, Sargón tuvo que hacer frente a varios disturbios en sus provincias occidentales, principalmente en el estado de Gurgum, donde el rey Tarhulara, quien era leal a Asiria, fue asesinado por su hijo, el usurpador Muwatalli III. Muwatalli proclamó la independencia de Gurgum y probablemente mantuvo tratos secretos con el Reino de Urartu, así como con Frigia. Sargón respondió quitando agresivamente a Muwatalli del trono de Gurgum, anexando su reino y convirtiéndolo en una provincia asiria, que mantendría ese estatus hasta la caída del Imperio neoasirio.

Durante el gobierno de Sargón, el Imperio asirio estaba en su apogeo. Incluso los reyes griegos de Chipre aceptaron su soberanía. Frigia y su rey, Midas, se sometieron a Asiria en 708, y Kummuh se convirtió en otra provincia asiria también. Sargón murió en 705 mientras estaba en una expedición para pacificar a Tabal, que se había rebelado bajo el liderazgo de Gurdi de Kulummaean.

Sargón II fue sucedido por su hijo Senaquerib, que gobernó en algún momento entre el 705 y el 681 a. C. En realidad, hay tres fechas sugeridas (705, 704 y 703) en cuanto a su sucesión, lo que podría implicar que su llegada al trono no fue sin alguna turbulencia. Su nombre también indica que no era el primogénito de Sargón. Senaquerib decidió mover la capital asiria de Dur Sharrukin a Nínive. Durante los primeros años de su gobierno, Senaquerib se encontró con una rebelión problemática que requería toda su atención: Cilicia intentó ganar la independencia con la ayuda de los griegos. Senaquerib derrotó a los rebeldes de Cilicia y a sus aliados.

En el 701, Senaquerib tuvo que volverse hacia Babilonia, donde comenzó su primera campaña militar. Marduk-apal-iddina II tomó la corona de Babilonia una vez más, proclamándose rey, pero su rebelión duró poco. Fue derrotado, y una vez más, tuvo que huir. Esta vez encontró refugio con su aliado, Elam. Extrañamente, aunque la ciudad de Babilonia fue saqueada, su población no fue dañada. Evidentemente, Senaquerib no estaba tan sediento de sangre como sus predecesores o vio algún posible beneficio en dejar a los ciudadanos en paz. Él puso en el trono de Babilonia un rey títere asirio llamado Bel-ibni, y Babilonia permaneció en paz durante algún tiempo.

Sin embargo, Marduk-apal-iddina no se rindió en su rebelión contra Asiria. Poco después, se alió con Egipto. Esta alianza llevó al desastre a algunas de las ciudades cananeas que fueron conquistadas, entre ellas Biblos, Asdod, Amón y Edom. Todas ellas rindieron tributo a Senaquerib sin más resistencia. Egipto fue derrotado, y luego el rey asirio se volvió hacia Jerusalén. Asedió la ciudad, pero nunca la capturó. Las fuentes bíblicas mencionan una intervención de los ángeles de Dios que golpearon a 180.000 soldados asirios; sin embargo, la realidad no fue tan dramática ni devastadora. El escriba de Senaquerib menciona un tributo pagado por el Reino de Judá, que satisfizo a Senaquerib, por lo cual decidió perdonar a la ciudad.

Marduk-apal-iddina intentó de nuevo incitar una rebelión contra el gobierno asirio, esta vez respaldado por sus aliados de Elam. En 694,

Senaquerib destruyó la base elamita en el golfo Pérsico con la ayuda de la flota fenicia, pero mientras lo hacía, los elamitas lograron capturar a su hijo mayor, Ashur-nadin-shumi. También colocaron a Nergal-ushezib, el hijo de Marduk-apal-iddina II, en el trono de Babilonia. Babilonia finalmente cayó bajo el dominio asirio en 689, después de algunos otros intentos de rebelión. Desafortunadamente, se necesitó una gran cantidad de destrucción y devastación para que Senaquerib pusiera fin al problema babilónico.

Se sabe muy poco sobre su gobierno en los años siguientes, y Senaquerib fue asesinado en 681, muy probablemente por uno de sus hijos. Fue sucedido por Asarhaddón, quien describe los disturbios que siguieron a la muerte de Senaquerib y cómo tomó el trono mientras sus hermanos luchaban por él. No menciona a un posible asesino, pero puede ser porque trató de evitar más disturbios dinásticos. Otras fuentes, como las Crónicas de Babilonia, varios documentos bíblicos, y más tarde documentos asirios, implican que Senaquerib fue asesinado por uno de sus hijos.

Asarhaddón gobernó desde el 681 hasta el 669 a. C. y fue el hijo menor de Senaquerib. Sus primeras excursiones militares fueron contra las tribus arameas del sur de Mesopotamia. Durante los primeros años de su gobierno, tuvo que reforzar las fronteras de su imperio, ya que sus provincias estaban siendo atacadas por los cimerios desde las costas del mar Negro, así como por los escitas que cruzaron las montañas de Taurus, procedentes de las estepas del sur de la Rusia actual.

En el año 677, el rey de Sidón, Abdi-Milkutti, se levantó contra Asiria, pero fue rápidamente derrotado y decapitado. La capital de Sidón fue completamente destruida, pero fue reconstruida como Kar-Ashur-aha-iddina. Asarhaddón continuó la tradición de repoblar las zonas recién conquistadas con gente de otras partes de su imperio para asegurar su dominio en la región.

Los escitas demostraron ser una molestia para el gobierno asirio. En 676, Asarhaddón conquistó las ciudades de Sissu y Kundu en las Montañas de Taurus antes de poner al rey Ishpaka de los escitas en su lugar. Después de la caída de Frigia, Asarhaddón dio a su propia hija para casarse con el príncipe escita, Partatua de Sakasene. Este gesto se hizo para mejorar las relaciones entre el Imperio asirio y los nómadas escitas, así como para asegurar su lealtad.

La campaña militar más importante durante el gobierno de Asarhaddón fue contra Egipto y el faraón Taharqo de la dinastía nubia. Asarhaddón dejó parte de su ejército para hacer frente a una rebelión en Tiro, y con el resto del ejército, tomó tierras egipcias. En el verano de 671, Asarhaddón llegó a Menfis, y con la ayuda de algunos de los príncipes egipcios, la capturó, obligando a Taharqo a huir a Nubia. Menfis fue asaltada y saqueada, sus ciudadanos fueron masacrados, y sus cabezas fueron reunidas en pilas para advertir a los egipcios contra la rebelión. Sin embargo, tan pronto como Asarhaddón se fue, Egipto se rebeló. Era el hijo de Asarhaddón, Asurbanipal, quien continuaría luchando contra Egipto. Se cree que Asarhaddón murió debido a una enfermedad. Hay textos escritos por él que hablan de su débil constitución durante sus últimos años. Pero también existe la posibilidad de que abdicara en favor de su hijo en 668 y que muriera un año después.

Asurbanipal sucedió a su padre y gobernó entre 668 y 627. Continuó los esfuerzos de su padre en Egipto, pero también fue distraído por las insurrecciones de los medos en el este y de los cimerios y escitas en los territorios del norte del Imperio asirio. Asurbanipal es considerado el último gobernante fuerte del Imperio neoasirio; después de su muerte, el imperio comenzó su continuo declive. También era un rey popular entre sus súbditos, pero era conocido por ser muy cruel y sediento de sangre con sus enemigos.

Asurbanipal no dirigió personalmente su primera campaña militar en Egipto. Eligió quedarse en su capital Nínive, mientras que el ejército que envió logró derrotar al ejército del faraón Taharqo cerca de Menfis. Sin embargo, no lograron capturar o matar a Taharqo, y él huyó al Alto Egipto. Poco después, en el año 664, murió, y su sobrino, Tanutamani, ocupó su lugar e invadió a los asirios en Egipto, matando a toda la nobleza que permanecía leal al Imperio asirio.

Como resultado, Asurbanipal envió un ejército a Egipto una vez más, y esta vez, también empleó a un número de mercenarios carios de Anatolia occidental. Asurbanipal derrotó a Tanutamani, invadiendo Egipto completamente hasta la ciudad de Tebas, la cual saqueó. Finalmente, Egipto obtuvo su independencia bajo el faraón Psamético I, que se mantuvo en términos amistosos con Asiria. No se sabe cómo Psamético logró esto, pero a partir de ese momento, Egipto quedó libre del dominio asirio.

Durante el gobierno de Asurbanipal, Asiria fue uno de los mayores imperios conocidos por el mundo civilizado. Se extendía desde el Cáucaso en el norte hasta el norte de África en el sur, y desde Chipre en el oeste hasta el centro de Irán en el este. El imperio de Asurbanipal era vasto, y él decidió comenzar una monarquía dual instalando a su propio hermano, Shamash-shum-ukin, como gobernante vasallo en Mesopotamia. Al principio, Shamash-shum-ukin aceptó el vasallaje bajo su hermano, pero poco después se rebeló y se convirtió en un nacionalista babilónico. Se alió con otras personas conocidas por su política anti-asiria. Entre ellos estaban los suteanos, caldeos, arameos, persas, árabes y el reino dividido de Elam. Shamash-shum-ukin envió una carta a su hermano, declarando que él era el gobernante y que Asurbanipal se convertiría en su súbdito y en el gobernador de Nínive. Asurbanipal retrasó su ataque contra su hermano debido a varios malos augurios, pero cuando finalmente inició un ataque, salió victorioso. La ciudad de Babilonia fue asediada durante dos años hasta que Shamash-shum-ukin se suicidó, ya que la derrota de la ciudad era inminente. Después de esto, la ciudad se rindió a las fuerzas asirias. Asurbanipal decidió no destruir la ciudad, pero masacró a todos los rebeldes y sus aliados. Babilonia mantuvo su estatus semiautónomo e incluso lo formalizó.

Asiria fue pacífica durante los últimos años del reinado de Asurbanipal. Pero la extrema expansión cobró su precio en el imperio, que comenzó a declinar. Asurbanipal logró mantener su dominio sobre todo el imperio mientras vivió. Fue después de su muerte que Asiria fue destruida por sus constantes luchas internas.

A Asurbanipal le sucedió su hijo Ashur-etil-ilani, cuyo reinado fue muy breve, durando desde el 631 hasta el 627 a. C. Inmediatamente después de tomar el trono, enfrentó guerras civiles y rebeliones en todo el imperio. Estas guerras civiles fueron solo el comienzo de la rápida decadencia del imperio. Los hermanos lucharon por el trono, dividiendo a los ciudadanos asirios en facciones formadas por sus respectivos partidarios. Sin-shar-ishkun, otro hijo de Asurbanipal, tomó el trono para sí mismo en torno de 622. Se sabe poco sobre los últimos reyes del Imperio neoasirio, ya que este período carece de fuentes. Las colonias, provincias y estados vasallos de Asiria aprovecharon la oportunidad que les dio la agitación interna y se separaron, reclamando su independencia. Entre ellos había caldeos, babilonios, medos, escitas, sagartianos y cimerios. El rey asirio no estaba en posición de enviar ningún ejército para reivindicar esos territorios, porque ya estaba ocupado luchando en una guerra civil que estaba destruyendo el imperio.

De todos los estados que reclamaban la independencia, Babilonia representaba la amenaza más seria, y una larga guerra en el corazón de este reino comenzó. Los ciudadanos rebeldes de Babilonia se reunieron bajo el gobierno de Nabopolasar, un líder de la tribu caldea que residía en el sureste de Mesopotamia. Era el nuevo rey de Babilonia, y jugó un papel clave en la caída del Imperio neoasirio. Nabopolasar tomó Babilonia como su capital, se proclamó a sí mismo rey y gobernó Babilonia desde el año 626 hasta el 605. Fue el fundador del Imperio neo-babilónico.

Sin-shar-ishkun no quiso permitir que Babilonia recuperara su libertad. Por lo tanto, reunió a sus ejércitos e inició una nueva campaña militar. Sin embargo, en el corazón de Asiria, otra rebelión comenzó, y tuvo que enviar algunas de sus fuerzas de vuelta a casa. Estas tropas, en lugar de derrotar a los rebeldes, eligieron unirse a ellos, y un nuevo usurpador comenzó a amenazar el trono de Sin-shar-ishkun. No hay registros que detallen quién era el usurpador y cómo comenzó la rebelión, ya que todas las fuentes fueron probablemente destruidas durante la guerra civil en la capital de

Asiria, Nínive. Sin-shar-ishkun consiguió vencer a las fuerzas rebeldes y volver a tomar el trono, pero perdió la oportunidad de resolver el problema babilónico.

Nabopolasar tuvo el tiempo necesario para tomar Babilonia bajo su gobierno y asegurar su poder. En el año 619, capturó a Nippur, convirtiéndose así en el gobernante de Babilonia. Luego intentó invadir los territorios asirios, pero fue derrotado y forzado a regresar a Babilonia. Durante los siguientes cuatro años, Nabopolasar tuvo que defender su trono del ejército asirio que intentaba desbancarlo.

En el año 616, Nabopolasar tuvo que formar una alianza con los medos para luchar contra Asiria, que había unido fuerzas con Egipto. A la alianza de Nabopolasar se unieron los escitas y los cimerios, así como los iraníes, sagartianos y persas, cuyas tierras había liberado del dominio asirio durante la guerra civil. Ahora tenía un ejército suficientemente poderoso para hacer frente a las fuerzas asirias. En los años siguientes, las ciudades asirias de Assur, Kalkhu, Arbela y Gasur, entre otras, fueron tomadas. Nínive fue asediada durante más de tres meses antes de caer. Aquí es probablemente donde Sin-shar-ishkun murió, aunque la información sobre él ha desaparecido, ya que las Crónicas de Babilonia que describen el asedio de Nínive han sido dañadas. A pesar de haber perdido tantas ciudades, Asiria aún perduró con Harrán como su nueva capital.

El último rey de Asiria fue Ashur-uballit II (quien gobernó entre 612 y 608). Era un general del ejército asirio, y se especula que era el hermano de Sin-shar-ishkun, ya que era miembro de la familia real. De alguna manera logró escapar del asedio de Nínive, y con la ayuda del ejército egipcio, defendió Harrán. Resistió a Babilonia y a sus aliados durante algún tiempo, pero en 610, los ejércitos egipcios se agotaron, y él tuvo que retirarse a casa. En 609, los babilonios, medos y escitas saquearon Harrán. Ashur-uballit II escapó de la ciudad y pidió ayuda a Egipto una vez más. El faraón Necao II se unió a él, y Ashur-uballit marchó con sus fuerzas hacia Asiria. Sin embargo, el camino fue bloqueado por Josías de Judá y sus fuerzas, que se habían aliado con Babilonia. Los ejércitos egipcios no tuvieron problemas para derrotar a Babilonia, pero llegaron para ayudar a Ashur-uballit en un estado debilitado. No obstante, las fuerzas unidas de Asiria y Egipto que cercaron Harrán en 609 fracasaron y sus ejércitos fueron derrotados.

El faraón Necao II se retiró al norte de Siria, y no se sabe qué pasó con Ashur-uballit, ya que este es el último año en que se menciona su nombre. Desapareció de la historia, perdiendo el Imperio asirio para siempre.

Capítulo 5 – Los Cimerios

Distribución de los hallazgos "traco-cimerios"

Los cimerios son un grupo de personas envueltas en misterio. Su existencia es conocida a través de varias fuentes de origen asirio, escita y griego, pero su tierra natal nunca se menciona. Su etnia y sus afiliaciones geográficas también son desconocidas. No hay evidencia arqueológica de ningún tipo que permita a los historiadores decir con seguridad que es de origen cimerio. Por eso se utilizan comúnmente términos como "problema cimerio", "enigma cimerio" o "misterio cimerio".

Heródoto, el famoso historiador griego, menciona a los cimerios y afirma que provienen originalmente de una región al norte del mar Negro, en la zona de Crimea. Además, escribió que los cimerios fueron expulsados de sus tierras por hordas de escitas durante el siglo VII a. C. Los cimerios son generalmente reconocidos como de cultura escita, pero no comparten ningún vínculo étnico con ellos. Los historiadores generalmente los relacionan con los iraníes o tracios, que tuvieron que emigrar debido a la presión de la expansión escita durante el siglo IX. Los pensamientos de Heródoto sobre los cimerios fueron aceptados como ciertos hasta el siglo XIX, cuando se hicieron nuevos descubrimientos arqueológicos, a saber, unas tablillas de arcilla asiria que datan de aproximadamente 714 a. C. Estas tablillas, de la época del rey Sargón II, mencionan a los cimerios y específicamente a su nación de Gamir. Esto significa que, en el siglo VIII, los cimerios se establecieron no muy lejos de Urartu. Esto sitúa su tierra natal en el sur, en vez del norte, como se creía anteriormente. Las tablillas asirias quizás sean más exactas al dar información sobre los cimerios, hasta porque son varios siglos más antiguas. Pero las enseñanzas de Heródoto no son tan fáciles de descartar. En cambio, existe la opinión generalizada de que las recién descubiertas tabletas asirias confirman la presencia de los cimerios al sur del Cáucaso, donde deambularon durante su migración a Asia Menor.

Heródoto situó la migración cimeria debido a los ataques escitas durante el siglo VII, pero los textos asirios demostraron que fue incluso anterior. La suposición es que la migración que emprendieron los cimerios ocurrió en algún momento durante el siglo VIII y posiblemente incluso en el siglo IX a. C. En base a lo que las fuentes asirias decían, algunos historiadores propusieron que la tierra natal de los cimerios no estaba cerca del Bósforo en el noroeste de Turquía o de la Estepa Póntica en la actual Ucrania, sino en algún lugar al este de Urartu. Esta es una zona que habitaron durante el gobierno de Sargón II y en el siglo siguiente. Nunca se encontró ninguna evidencia arqueológica en el área de la estepa póntica que pudiera siquiera remotamente esclarecer la presencia de los cimerios en esas áreas. Incluso los hallazgos arqueológicos en el área del mar Negro que se atribuyeron a los cimerios podrían ser de otras culturas de finales de la Edad de Bronce o principios de la Edad de Hierro. Los historiadores tampoco encontraron más evidencia de que los cimerios estuvieran realmente en las áreas del Bósforo aparte de su mención en las tradiciones griegas. Pero esto también podría deberse a que los griegos conocieron otra cultura similar a la de los cimerios. La respuesta a la pregunta de dónde vienen los cimerios se basa en un terreno inestable, ya que no hay ninguna evidencia que, con seguridad, nos dé una pista sobre dónde buscar.

La tierra de Gamir fue mencionada por primera vez en una carta enviada al rey Sargón II del Imperio neoasirio. En esta carta, los informantes de la frontera del imperio con Urartu enviaron un informe al rey describiendo cómo Gamir sufrió por la mano de Rusa I, el rey de Urartu. Esta carta contenía incluso la ubicación específica de Gamir, diciendo que la tierra de Guriania separa Gamir de Urartu. Pero se encuentran algunos problemas lingüísticos en estudios posteriores. Los historiadores a menudo piensan en Gamir como una versión dialéctica de Kamir, que está en Capadocia (actual Turquía central), y que pondría este reino al oeste de Urartu. Esta posición identificaría al Gurunt actual como la tierra de Guriania, que habría separado Urartu de Gamir. Pero fuentes posteriores, de la época del rey Asarhaddón, mencionan a Gamir en el mismo contexto que los mannai, los medos y los umman manda, que operaban en el noreste de Mesopotamia, lo que situaría a Gamir al este de Urartu.

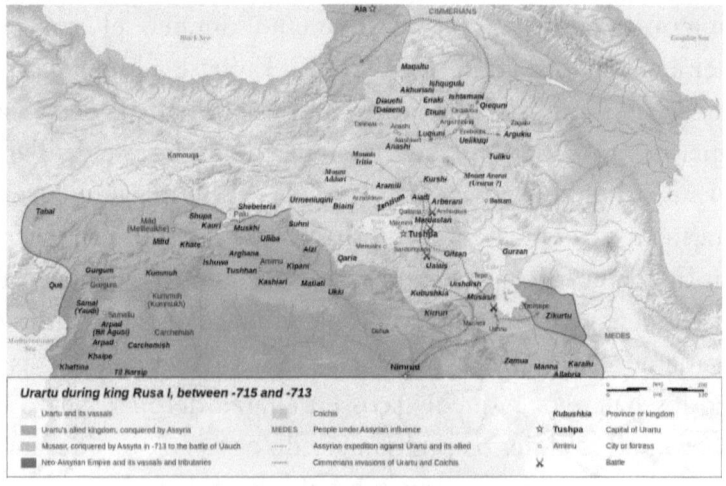

Mapa de Urartu entre 715 y 713 a. C.

Por la carta a Sargón II, los historiadores se enteraron de una batalla que tuvo lugar en Gamir. Aparentemente, Urartu estaba en guerra con los cimerios que habitaban estas tierras en ese momento. El motivo de la guerra aún se desconoce, pero la carta describe específicamente al rey Rusa I de Urartu huyendo de Gamir en la derrota. Dado que la carta está fechada alrededor del 714 a. C., la mayoría de los académicos están de acuerdo en que la batalla de Gamir debe haber ocurrido en algún momento alrededor de ese año, tal vez incluso en el 715.

Otro informe de la inteligencia asiria que data aproximadamente de la misma época describe la invasión cimeria de Urartu, pero esta vez desde los territorios de Mannai, una tierra al sur del lago Urmia. Algunos estudiosos afirman que este informe también se refiere a la batalla de Gamir, pero el contexto de la carta es completamente diferente. En lugar de que Rusa atacara Gamir y perdiera la batalla, los cimerios fueron los agresores que invadieron Urartu. La diferencia de contexto lleva a la conclusión de que se trataba de un segundo enfrentamiento de los cimerios con el rey Rusa I. Lo más probable es que los cimerios se unieran a Sargón II en la guerra contra Urartu, y las fuerzas combinadas salieron victoriosas, llevando Rusa a suicidarse.

Hay numerosas menciones a los cimerios en los documentos asirios, pero estos solo describen batallas. Los asirios eran un imperio militar, propenso a la expansión, por lo que la mayoría de sus documentos sobrevivientes son informes de batallas. Aún no hay relatos que expliquen la cultura, etnia, política o economía cimerias.

A partir de muchos informes asirios, se sabe que Transcaucasia fue una base desde la que los cimerios atacaron y asaltaron las fronteras asirias o los estados vasallos asirios. Sin embargo, en 679, los cimerios fueron derrotados por el ejército asirio liderado por el rey Asarhaddón. Aquí es cuando el rey cimerio es mencionado por primera vez por su nombre. Según Asarhaddón, el rey cimerio se llamaba Teushpa, pero también lo menciona como el rey de los Umman-Manda, que es acadio para "la horda de quién sabe dónde".

Este término se usó para describir una tribu poco conocida del antiguo Cercano Oriente. Los umman-manda han sido atribuidos a diferentes pueblos contra los que lucharon los asirios en su historia: hurritas, medos, cimerios, elamitas y escitas. Se cree que vinieron de Anatolia central, pero el dicho acadiano resume bastante bien cómo los historiadores ven esta cultura.

En el mismo año de 679, un destacamento de soldados cimerios estaba sirviendo en el ejército asirio. En un determinado punto, los cimerios se aliaron con los medos, atacando Shubria (un país que bordea el lago Van), Parsua, y tal vez incluso Elipi. De nuevo en 671/70, hay menciones de los cimerios sirviendo en el ejército asirio.

Otro rey cimerio mencionado por su nombre fue Tugdamme, más conocido como Dugdammi en las enseñanzas clásicas griegas. Tugdamme gobernó a mediados del siglo VII, presumiblemente entre 660 y 640 y es conocido por atacar las ciudades griegas de la costa de Asia Menor. A pesar de eso, en 653, dirigió su atención hacia el Imperio asirio, que era gobernado por el rey Asurbanipal en ese momento. Los informes asirios sobre esta confrontación mencionan a Tugdamme como el rey de Saka y Qutium, un pueblo nómada del norte, este y oeste de la estepa euroasiática. Asurbanipal también lo llamó "Sar Kissati", que a grandes rasgos se traduce como "Rey del Mundo". Esto sugiere que Tugdamme gobernó un vasto reino. Tugdamme fue derrotado y asesinado alrededor del 641 o 640 a. C. Los textos asirios mencionan a Marduk (una deidad mesopotámica) matando a Tugdamme, lo que alude a que alguna otra fuerza fue responsable de su muerte, no los asirios.

Después de Tugdamme, Asurbanipal menciona al hijo de Tugdamme, Sandakhshatra, como el próximo rey de los cimerios. Hay algunas especulaciones de que Sandakhshatra fue, de hecho, Ciáxares, el rey de Media, y que ayudó a derribar el Imperio neoasirio. Sin embargo, no hay evidencia arqueológica o histórica que apoye estas afirmaciones.

Asurbanipal también habla de un asentamiento cimerio permanente en Anatolia. En 665, los cimerios atacaron a Lidia, pero fueron derrotados, ya que el propio Asurbanipal envió ayuda al rey Giges de Lidia. Los cimerios lograron derrotar a los lidios, ya sea en 654 o 652, y tomaron su capital, Sardes. Giges murió durante esta batalla con los cimerios. En 640, bajo el liderazgo del rey Tugdamme, los cimerios atacaron las ciudades griegas de Jonia y Eolia. También se menciona su actividad en las regiones de Paflagonia, Bitinia y Troas. Alrededor del mismo año, los cimerios trataron de aliarse con el estado vasallo asirio de Tabal para derribar el dominio asirio, pero el rey Tugdamme cayó enfermo y se cree que se suicidó.

La última mención del pueblo cimerio es de finales del siglo VII a. C., cuando el rey lidio, Aliates, los derrotó en Anatolia Oriental. A partir de este momento, las fuentes ya no los mencionan; no obstante, se cree que se establecieron en Capadocia.

Capítulo 6 – Los Escitas

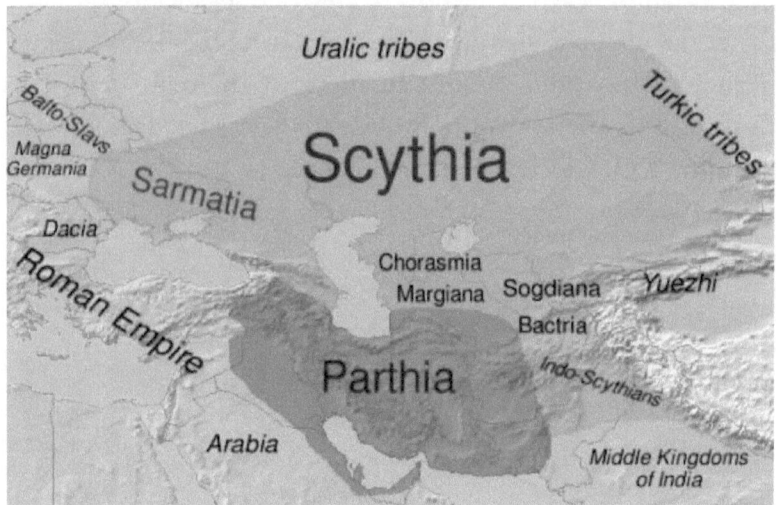

La extensión de las lenguas iraníes orientales en el siglo I a. C.

La palabra "escita" solía usarse en un sentido más amplio, principalmente para describir a los pueblos nómadas de la estepa euroasiática. Lo que era común a todos estos pueblos era el modo de vida nómada y algunos aspectos culturales similares. Por eso hoy en día el término "pueblo de cultura escita" se utiliza para describir a varios pueblos que cubrían el mismo territorio y compartían un modo de vida similar. Pero étnicamente, estos pueblos eran distintos, y con el tiempo, los historiadores comenzaron a diferenciarlos entre ellos.

Se cree que los escitas eran de origen iraní porque su idioma era una rama de las lenguas iraníes. Pero también practicaban una forma de la religión iraní. Heródoto observó que los escitas venían de las zonas norteñas del mar Negro mientras perseguían a las tribus cimerias que habían expulsado de la Estepa Póntica. Los cimerios cruzaron las montañas del Cáucaso, pero los escitas los siguieron y entraron en Anatolia, donde influirían en la región desde el siglo VII al III a. C.

Hay dos grupos de fuentes que revelan la historia de los escitas. Una está en los textos cuneiformes acadios, y la otra es de origen greco-romano. Los acadios revelan solo la historia más antigua de los escitas, mientras que las fuentes greco-romanas cubren toda su historia. Sin embargo, las fuentes griegas que se refieren a la historia antigua de los escitas, que tuvo lugar en los siglos VII y VI a. C., no siempre son fiables. Los griegos a menudo mezclaban la historia con cuentos populares comunes; por lo tanto, la lectura de estas fuentes requiere un análisis crítico. El primer documento que menciona a los escitas son los anales asirios del rey Asarhaddón, que hablan de una retirada de los mannai después de una batalla. Los mannai en ese momento tenían a los escitas como aliados, que estaban bajo el liderazgo de Ishpaka. Ishpaka también tenía como aliados a los cimerios y los medos, y en el año 678 planeó una invasión del territorio asirio. Murió en la batalla contra las fuerzas asirias, que eran lideradas por Asarhaddón, alrededor del año 675 y fue sucedido por Bartatua (o Partatua), quien no pudo mantener la alianza entera, y fue derrotado por los asirios. Para mantener la paz, aceptó casarse con la hija de Asarhaddón en 674/6, convirtiéndose en vasallo asirio. Él ayudó a los asirios en su conquista de Media entre 653 y 652, quienes regalaron el territorio a los escitas como recompensa por su ayuda. Bartatua murió en 645 a. C. En 620, cuando la caída del Imperio neoasirio se hizo inevitable, los escitas ganaron más libertad y aprovechando la situación asiria, comenzaron sus propias y largas campañas.

El rey escita Madies heredó el trono después de Bartatua, y marchó con el ejército a las fronteras de Egipto. Los escitas saquearon la región de Palestina, obligando los cimerios a retirarse de estos territorios. Según Heródoto, los siguientes 28 años serían conocidos como los años del dominio escita sobre Asia, pero Pompeyo Trogo, un historiador romano, sitúa la dominación escita sobre Asia en un período de solo ocho años. Aquí es donde la influencia del folclore escita sobre Heródoto es evidente. La realidad es que no hubo un dominio escita sino un gran número de incursiones prolongadas y exitosas.

Media finalmente se liberó bajo el gobierno del rey Ciáxares, quien mató a todos los líderes escitas durante un banquete en su palacio, según Heródoto. Los escitas dejaron de hacer incursiones en el Medio Oriente en la última década del siglo VII a. C.

A principios del siglo VI, los griegos comenzaron a fundar sus colonias en el territorio gobernado por los escitas en las costas e islas del mar Negro. Las relaciones entre estos dos pueblos eran pacíficas en esa época, pero hay nuevas pruebas que sugieren la posible destrucción de la ciudad griega de Panticapeo a manos de los escitas a mediados del siglo VI aproximadamente.

Probablemente el acontecimiento más importante del siglo VI en la historia de los escitas fue la campaña por las tierras de Darío I, un rey persa conocido por sus victoriosas expediciones militares. Antes de encontrarse con los escitas, Darío conquistó partes de Europa Oriental hasta llegar al Danubio. Invadió la Escitia europea entre 520 y 507. Muchos historiadores sitúan esta invasión en el año 513, pero es difícil precisar la fecha exacta de la invasión basándose en las fuentes sobrevivientes. Para cruzar el Bósforo, Darío I construyó un puente con barcos. Si se le cree a Heródoto, su ejército contaba con 70.000 hombres. En el momento de la invasión persa, los escitas fueron separados en tres reinos con tres reyes diferentes. Sin embargo, el rey Idantirso era considerado el señor, mientras que los otros dos reyes, Escopasis y Taxacis, eran sus subordinados. Los escitas no recibieron apoyo de sus vecinos en la lucha contra los persas, así que decidieron implementar tácticas de tierra arrasada, trasladando a los civiles con su ganado al norte. Darío persiguió a los escitas, pero ellos se retiraron al este, quemando el campo y bloqueando los manantiales y pozos, destruyendo también a los pastos. El ejército persa persiguió a los escitas con la esperanza de luchar abiertamente contra ellos, pero se encontró en lo profundo de las estepas, donde no había ciudades que saquear para reabastecer a su ejército. Darío se vio frustrado por las tácticas escitas, y desafió abiertamente al rey Idantirso a luchar o a rendirse. Idantirso respondió que no lucharía contra Darío hasta que llegaran a las tumbas de los antepasados escitas. Continuó con sus tácticas de retirada, ya que no tenían nada que perder; no había ciudades ni pueblos, solo estepas abiertas. El ejército persa persiguió a los escitas durante un mes, y Darío perdió varias de sus fuerzas debido a la enfermedad, la fatiga y las constantes escaramuzas escitas. Finalmente, Darío detuvo su persecución en las orillas del río Volga y se volvió hacia Tracia. Sin embargo, Darío ya había conquistado tanto del territorio escita que la mayoría de las áreas tuvieron que someterse al dominio persa. Aun así, Darío todavía se consideraba derrotado en esta batalla.

Aunque los escitas formalmente perdieron contra los persas, su resistencia hizo que sus vecinos los vieran como invencibles. Esta tradición de pensar que los escitas eran invencibles continuó durante el período clásico, donde encontró su lugar principalmente en la literatura.

Los escitas eran un pueblo nómada, lo que significa que vivían en tribus, que formaban una confederación cuando se trataba de la defensa de sus tierras. Las tribus escitas también formaron algo parecido a una institución moderna para regular los pastos y las tierras agrícolas de estos pastores ecuestres. La cría de animales excedía las necesidades de las sociedades agrícolas asentadas de los escitas, por lo que comenzaron a desarrollar el comercio con otros pueblos nómadas cercanos.

Heródoto menciona tres tribus escitas que fueron gobernadas por tres hermanos: Lipoxais, Arpoxais y Colaxais. En el folclore, estas tribus recibían regalos divinos: un arado, un yugo, un hacha y un cuenco. Tradicionalmente, estas tres tribus son tratadas como si ocuparan territorios geográficamente distintos, pero los historiadores proponen que los tres dones divinos se refieren a ocupaciones sociales. Esto significaría que el arado y el yugo son símbolos de los agricultores, el hacha es un símbolo de los guerreros, y el cuenco o la copa representan a los sacerdotes.

Cuando había guerra, casi toda la población adulta de los escitas, incluyendo las mujeres, se unía a los ejércitos. Los escitas tenían la reputación de ser invencibles, ya que las fuentes históricas a menudo decían que los escitas no podían ser derrotados sin ayuda externa. Eran conocidos por sus habilidades hípicas y el uso de arcos a caballo. Los escitas eran un pueblo agresivo, y muchos se convirtieron en mercenarios. A menudo usaban flechas con púas y también envenenadas en sus batallas.

La religión escita era de naturaleza prezoroástrica y estaba relacionada con la religión proto-indo-iraní. También puede haber influido en la mitología eslava, húngara y turca. Los escitas adoraban a siete dioses y diosas. Sin embargo, ocho de ellos son mencionados por Heródoto, quien afirmó que eran dioses adorados por la familia real. La primera de ellas era Tabiti, la reina de los dioses y protectora de los hogares. Más tarde se transformó en Atar o Agni, una deidad del fuego de origen zoroastriano. Los escitas ofrecían sacrificios de animales a sus dioses, siendo el más prestigioso el caballo. Los escitas también permitían que una cierta casta de sacerdotes, los enarei, jugara un papel significativo en la vida política de las tierras. Se creía que estos sacerdotes recibían un regalo divino directamente de los dioses y eran capaces de prever el futuro. Los enarei usaban tiras hechas de corteza de tilo para leer el futuro, y se sabe que se vestían con ropas femeninas.

El arte escita era conocido por sus pequeños objetos, como las joyas de oro. Durante el primer período del arte escita, ellos modelaban figuras de animales, presentándolos en poses de combate. Los historiadores de arte sugieren que el arte escita fue principalmente influenciado por el Cercano Oriente durante sus expediciones militares en estas regiones. Se piensa comúnmente que el arte escita se originó en la parte oriental de la estepa euroasiática, que estaba principalmente bajo la influencia china. Durante el siglo

VI, su arte comenzó a representar criaturas mitológicas como resultado de la influencia directa de los griegos. El arte escita antiguo a menudo presenta guerreros con ojos almendrados usando arcos compuestos. Más tarde, bajo la influencia del arte griego y persa, los guerreros del arte escita comenzaron a tener ojos más redondos y barbas y bigotes más largos. Durante la edad de oro escita, los griegos fueron los que fueron contratados para producir su arte. Los griegos creaban objetos que representaban las leyendas escitas o eran utilizados en los rituales religiosos. A finales del siglo III a. C. el arte escita original desapareció bajo la presión de la cultura helénica. Sin embargo, los escitas continuaron produciendo lápidas antropomórficas.

Heródoto menciona el linaje real del rey escita Idantirso, declarando que su padre era Saulio, su abuelo Gnuro, su bisabuelo Lico, y su tatarabuelo era Espargapises. Heródoto también habla de Anacarsis, que provenía de la misma familia real y era hermano de Saulio e hijo de Gnuro. Anacarsis era un sabio escita que viajó desde el norte del mar Negro hasta Atenas, donde se convirtió en una renombrada figura de "sabiduría bárbara". Se hizo popular en la literatura griega, en la cual se lo cuenta como uno de los "siete sabios". Éforo, otro historiador griego, usó la imagen de Anacarsis para describir su ideal de los escitas. No hay evidencia histórica de la existencia de Anacarsis, quien fue un príncipe escita helenizado, pero existe la posibilidad. Incluso Heródoto admite que los escitas no tenían conocimiento de la existencia de Anacarsis. Todo lo que sabemos sobre esta misteriosa figura proviene de fuentes y literatura griegas, y no hay mención de esta persona en la historia escita.

Lo que sabemos de la historia escita es que la campaña de Darío en las tierras escitas llevó a una consolidación política entre los escitas y sus vecinos. El poder de los escitas creció considerablemente, y en la década de 490, lanzaron una expedición a Tracia, llegando a Quersoneso. En Tracia, el Reino Odrisio opuso resistencia a la invasión escita, y se establecieron nuevas fronteras entre las dos dinastías. Hay registros de matrimonios entre las familias reales escitas y odrisias. Por ejemplo, el rey escita Oktamasades era el hijo de una princesa odrisia.

En ese momento, los escitas eligieron expandir sus tierras hacia el norte y el noroeste, donde destruyeron varias ciudades fortificadas y subyugaron a los ciudadanos del Reino Odrisio. También intentaron por primera vez conquistar las colonias griegas en las regiones pónticas. Debido a sus anteriores relaciones amistosas, los asentamientos griegos no tenían fortificaciones o muros para protegerlos. Esto resultó en el abandono y la destrucción total de algunas ciudades, pero también en la rápida fortificación de otras. Eventualmente, los escitas lograron tener el control de varias colonias griegas. Heródoto confirma que el rey Esciles de los Escitas tenía una residencia en Olbia. En Niconia, por ejemplo, se encontraron monedas que llevaban el nombre de Esciles.

En este punto de la historia, durante el siglo V, un cambio estaba ocurriendo en el Imperio escita. Con su creciente poder, también creció su riqueza. Los griegos mencionaron la existencia de dos reinos escitas, Escitia Menor en la actual Rumania y Bulgaria, y Escitia Mayor, que se extendía desde el Danubio hasta la cuenca baja del Don. Debido a las vastas tierras que controlaban, los escitas desarrollaron una división de responsabilidades dentro del imperio. Tenían todo el poder político y militar, pero dejaron que los ciudadanos urbanos se ocuparan ellos mismos del comercio, sin importar a qué grupo étnico pertenecieran. Los locales también eran responsables de todo el trabajo manual. Los escitas obtenían gran parte de sus riquezas a través del comercio de esclavos, sobre el que tenían un control total.

Los escitas tuvieron éxito en la conquista de las colonias griegas hasta cierto punto, pero los griegos se unieron rápidamente contra ellos y formaron una alianza bajo el liderazgo de la ciudad de Panticapeo. Esta alianza de ciudades-estado griegas se desarrolló más tarde en el Reino del Bósforo, también conocido como Bósforo Cimerio. Las colonias griegas que cayeron bajo el dominio escita comenzaron a rebelarse y ganaron su libertad. En los territorios del bajo río Don, se estableció un asentamiento escita conocido como Elizavetovka. Los escitas querían continuar su comercio con los griegos, así que permitieron que una minoría griega habitara esta ciudad, pero los escitas tomaron el comercio de esta ciudad, en su mayor parte, en sus propias manos. Incluso con la falta de evidencia, algunos sitios arqueológicos nos permiten suponer que los escitas estaban sufriendo algunas luchas internas. Un pueblo iraní emparentado, conocido como los sármatas, comenzó a invadir desde el este y conquistó algunos territorios escitas. Los sármatas se mezclaron con los escitas, y aunque parece que desestabilizaron el poder político de Escitia, la situación se fue calmando con el tiempo.

Durante el siglo IV a. C., la cultura escita floreció. La mayoría de los monumentos conocidos están datados en estos tiempos. De los 2.300 monumentos descubiertos en las estepas en las que vivían los escitas, 2.000 pertenecían al siglo IV. Las tumbas encontradas por los arqueólogos están dentro de las más ricas de este período. Las buenas relaciones con el nuevo Reino del Bósforo influyeron en la rápida helenización de los escitas, especialmente de la familia real y los nobles.

La vida política de los escitas durante el siglo IV está mayormente ligada al rey Ateas, quien gobernó en algún momento entre 429 y 339 a. C. Él unió a las tribus escitas bajo su gobierno mientras invadía Tracia al mismo tiempo. Ateas se alió con los macedonios y conquistó Tribalios y Estriano. Su expansión hacia el oeste causó un conflicto con Filipo II de Macedonia, aunque generalmente eran aliados. En el año 339, Filipo lanzó una campaña militar contra los escitas, y el rey Ateas murió en la batalla. Con su muerte, el Imperio escita se desintegró, aunque el pueblo escita siguió existiendo. Alejandro Magno continuó con los combates de su padre contra ellos después de la muerte de Filipo.

Un general de Alejandro Magno, Zopirión, lideró una campaña contra los escitas en 331/30. Su ejército contaba con 30.000 hombres cuando llegó a Olba y la sitió. Sin embargo, no pudieron tomar la ciudad y tuvieron que retirarse. El mismo Zopirión murió durante esta batalla.

Un rey escita más es mencionado en la historia de este período. Su nombre era Ágaro, y probablemente estaba entrometido en la guerra civil del Reino del Bósforo, donde dos hermanos lucharon por el trono en 310/9 a. C. Ágaro se alió con Sátiro II, que fue derrotado durante esta guerra. Ágaro dio refugio al hijo de Sátiro, Perisades. No se sabe nada más sobre su gobierno, pero el hecho de que interviniera en las luchas internas del Reino del Bósforo puede indicar que gobernó en las estepas de Crimea, que bordean el Bósforo.

A principios del siglo III, la cultura escita desaparece repentinamente de la región del Norte Póntico. La razón es desconocida, pero hay muchas especulaciones, desde el cambio climático hasta el colapso económico. El siglo III fue une época realmente sombría para los escitas. Fueron expulsados de los Balcanes por los celtas, mientras que, en el este, los sármatas se expandían, agobiándolos lentamente. A su vez, los escitas se concentraron en las ciudades griegas de Crimea. A mediados del siglo III, Quersoneso perdió todos sus asentamientos en el noroeste de Crimea.

Los escitas del siglo II a. C. solo habitaban los territorios de Crimea, las tierras bajas del río Dniéper y Dobruja. Estos territorios se conocían ahora como Escitia Menor. Los escitas volvieron a su forma de vida nómada, pero también se mezclaron con las poblaciones locales. Establecieron un nuevo reino entre Crimea y el río Dniéper durante este período, y Neápolis Escita se convirtió en su capital.

Este nuevo reino escita era de naturaleza helénica e incluso se asemejaba a las monarquías griegas en lugar del reino escita de los nómadas del siglo IV. El reino tenía el hábito de atarse al Reino del Bósforo a través de matrimonios. El rey escita más conocido del último período fue Escíloro, y reinó alrededor del año 125 a. C. Gobernó no solo Crimea, sino también algunos de los territorios de la región póntica del noroeste. Continuó siendo hostil hacia Quersoneso y la atacó, pero su ejército tuvo que retirarse cuando se enfrentó al rey

Mitrídates VI del Ponto. Un general del ejército de Mitridatos, Diofanto, libró una exitosa campaña contra el último rey escita, Palaco, hijo de Escíloro. A Diofanto le costó tres campañas, que tuvieron lugar entre 110 y 107, para eliminar completamente a los escitas de su territorio, e incluso tomaron su capital. Ahora, solo existían los escitas de Dobruja, pero eran de mucho menos interés para cualquiera. Con el tiempo, Escitia Menor cayó bajo el gobierno de Mitridatos VI.

Los escitas continuaron existiendo después de esto, pero renunciaron por completo a su forma de vida nómada y comenzaron a establecerse. En el primer siglo d. C., los escitas crecieron en fuerza suficiente para atacar a Quersoneso, que pidió ayuda a Roma. Roma derrotó fácilmente a los escitas, y nunca más les permitió regresar a esta región. Durante este período, los romanos mencionan a los tauro-escitas, que los historiadores reconocen como una población mixta de la región de Crimea. Desde entonces, muchos historiadores griegos y romanos utilizan el término escita para describir a cualquier pueblo nómada de origen eslavo o turco.

Capítulo 7 – Los Persas

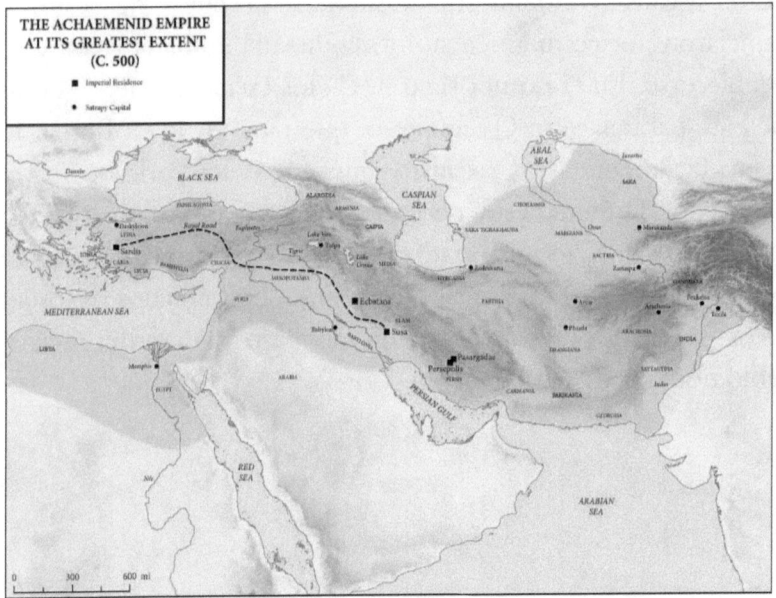

Mapa del Imperio aqueménida en su mayor extensión

Los antiguos persas pertenecían al grupo de pueblos iraníes que habitaban la región de Persis en el suroeste de Irán, hoy conocida como la provincia de Fars. Hay poca información sobre los primeros siglos de su historia, que fue entre 1000 y 600 a. C. La primera aparición de Persia se menciona en documentos antiguos de origen asirio del tercer milenio a. C. Está escrito en la antigua forma asiria como Parahse, indicando la región que fue habitada por los sumerios. La tribu nómada iraní de esta región emigró al oeste del lago Urmia, llevando consigo el nombre de su tierra natal. Con el tiempo, se les llamó persas, y la tierra que ocupaban se conoció como Persis, lo que los historiadores llaman Persia propiamente dicha y el corazón del posterior Imperio persa. Al principio, estos persas nómadas fueron influenciados por los asirios, que los habían gobernado durante más de tres siglos. Sin embargo, un nuevo poder surgió en la región.

Los medos, otro grupo de iraníes, organizaron su propio reino conocido como Media, uniendo la región contra el dominio asirio. Media se convirtió en una potencia política y cultural en esta región en el año 612 a. C. En 552, Persis, bajo la dinastía aqueménida, era el estado vasallo de Media. Poco después, sin embargo, en el año 550, se rebelaron contra Media y no solo consiguieron su independencia, sino que también conquistaron a Media. El primer rey persa, al que se le atribuye la fundación del Imperio persa, fue Ciro el Grande, o Ciro II, quien gobernó del 600 al 530. El Imperio persa se formó en el 550, después de la rebelión que Ciro II organizó contra Media. Ciro el Grande tuvo la ayuda de varios nobles de la corte meda y del comandante de los ejércitos medos, Harpago, para derrocar al rey Astiages.

Ciro el Grande comandaba todos los estados vasallos que se inclinaban ante Media. Su tío Arsames era el gobernante de la ciudad de Parsa, y voluntariamente entregó su trono a Ciro. Así es como Ciro logró unir dos reinos gobernados por la misma dinastía aqueménida. Parsa y Anshan se convirtieron en Persia.

El rey de Lidia, Creso, planeaba aprovechar los disturbios en el reino medo y apoderarse de algunos de sus territorios, pero tuvo que enfrentarse a un contraataque organizado por Ciro el Grande. Se desconoce el año exacto de estas acciones, pero las especulaciones lo sitúan en 547, debido a la información proporcionada por la Crónica de Nabonido. Los lidios atacaron la ciudad de Pteria en Capadocia, la cual sitiaron y conquistaron. En respuesta, los persas invitaron a los ciudadanos de Lidia a rebelarse contra Creso, pero se negaron. Ciro decidió liderar un ejército y marchar contra los lidios. Su ejército ganó en número a medida que reclutaba más hombres de las naciones por las que pasaba en su camino a Pteria. Ninguno de los dos lados ganó la batalla, y tanto los persas como los lidios sufrieron grandes pérdidas. El rey Creso se vio obligado a retirarse a su capital, la cual se llamaba Sardes.

Creso llamó a sus aliados para que le ayudaran, pero Ciro atacó de nuevo al final del invierno, sin dejarles tiempo a los aliados de Creso para enviarle ayuda. Los persas habían asediado Sardes por un período de catorce días cuando Creso finalmente decidió enfrentarse a Ciro en una batalla abierta, conocida como la batalla de Timbrea. La batalla tuvo lugar en las llanuras septentrionales de Sardes, y el ejército lidio superó a los persas dos a uno. Harpago, el comandante medo renegado que aún aconsejaba a Ciro, insistió en poner camellos en primera fila para confundir a la caballería lidia, cuyos caballos no estaban acostumbrados al olor. Esto resultó ser una táctica que decidió el destino de la batalla. Los persas ganaron, y Sardes cayó. Heródoto escribe que Ciro le perdonó a Creso y lo hizo su propio consejero, pero esta información contradice a la Crónica de Nabonido, que afirma que el rey lidio fue asesinado. Nabonido, de quien la crónica tomó el nombre, era un rey babilonio que también sufrió una invasión persa liderada por Ciro. Como es del mismo período, los historiadores se inclinan a confiar más en su crónica que en la versión de la historia de Heródoto.

El comandante persa Mazares, un exgeneral de Media, se encargó de lidiar con pequeñas rebeliones en Lidia. Después de que Lidia fuera sometida, Mazares continuó en los territorios griegos, donde tomó las ciudades de Magnesia y Priene. Continuó su conquista en Jonia, pero poco después murió por causas desconocidas. Harpago fue enviado a terminar la conquista de Asia Menor, y capturó Licia, Cilicia y Fenicia. Después de terminar sus campañas, regresó a Persia en 542.

En el invierno de 540, Ciro conquistó Elam y tomó su capital, Susa. Continuó hasta la ciudad de Opis en el río Tigris, situada justo al norte de Babilonia, donde obligó al ejército babilónico a retirarse. El 10 de octubre de 539, conquistó la ciudad de Sippar, donde residía el rey babilónico Nabonido. Sin embargo, este huyó a la capital, Babilonia. Solo dos días después, los persas entraron en Babilonia;

sus ciudadanos no mostraron resistencia, y los persas capturaron al rey Nabonido. Cuando Ciro entró en Babilonia el 29 de octubre, proclamó el fin del Imperio neo-babilónico. Con la caída de la ciudad, los persas ganaron todos los territorios que este imperio poseía, incluyendo Siria y Judá.

Con la caída de Babilonia, Ciro se convirtió en el rey del mayor imperio que el mundo había visto hasta entonces. Su imperio ocupó territorios desde Asia Menor en el oeste hasta el río Indo en el este. En el Cilindro de Ciro, una declaración hecha en un cilindro de arcilla después de la caída de Babilonia, Ciro afirma que mejoró la vida de sus ciudadanos. Repartió a los pueblos desplazados y trabajó en la restauración de los templos y santuarios. Algunos historiadores consideran que este cilindro es el primer documento que describe los derechos humanos, pero la mayoría lo ve en el contexto de las nuevas políticas de los reyes de Mesopotamia que comenzaron su reinado con el anuncio de reformas del reino.

Hay muchas fuentes que describen la muerte de Ciro el Grande, pero todas ellas difieren entre sí. Algunos dicen que él murió durante la invasión a los masagetas, una tribu que vivía en las partes sureñas del moderno Kazajstán, y otros dicen que murió pacíficamente en su capital. Además, hay registros de que Ciro fue asesinado por su esposa Tomiris, que también era la reina masageta. Por último, el historiador griego Ctesias afirma que Ciro murió mientras sofocaba una rebelión que tuvo lugar en las regiones nororientales del río Sir. La creencia común es que los restos de Ciro el Grande fueron enterrados en la capital, Pasargadae.

El segundo rey del Imperio aqueménida fue el hijo de Ciro, Cambises II, quien gobernó de 530 a 522. Aunque su reinado fue breve, es conocido por conquistar territorios en África, particularmente Egipto. Pero antes de convertirse en rey del vasto Imperio persa, fue nombrado gobernador de Babilonia. Cuando su padre, Ciro el Grande, decidió marchar contra los masagetas, él se convirtió en cogobernante y eventualmente en el único gobernante después de la muerte de su padre.

Cambises no tuvo problemas para ascender al trono, ya que el imperio era estable, así que todo lo que tenía que hacer era preservar su autoridad sobre los vastos territorios de Persia. El último poder prominente en el Cercano Oriente en ese momento era Egipto, y Cambises se encargó de conquistarlo. Al oír la aspiración de Persia de tomar Egipto, algunos de los aliados del faraón Amosis II (Amosis II) decidieron abandonarlo y unir fuerzas con Cambises. El antiguo aliado de Egipto, Polícrates, el rey griego de Samos (más conocido como el tirano de Samos), ayudó a los persas a capturar Chipre, que estaba bajo dominio egipcio. Esto resultó ser un duro golpe para Amosis II. Poco después, el faraón murió y fue sucedido por su hijo, Psamético III, quien solo gobernó durante seis meses antes de enfrentarse a los persas y perder la batalla de Pelusio en 525. Esta batalla tuvo lugar en el borde oriental del Delta del Nilo, y los registros dicen que los egipcios tenían una fuerte defensa, pero los persas fueron, sin embargo, victoriosos. Psamético corrió a Menfis, donde trató de resistir al asedio, pero poco después fue capturado y llevado encadenado a Susa, donde se suicidó.

Después de la caída de Egipto, los lidios y griegos de Cirene y Barca reconocieron el dominio persa sin resistencia. Dando muestras de generosidad, Cambises permitió a la viuda del faraón Amosis II, que era griega, volver a su casa en Cirene. Para presentar su conquista de Egipto como legítima, Cambises utilizó la propaganda para afirmar que era de origen egipcio, que era el hijo de la princesa Nitetis, hija del faraón Apries. Además, tomó títulos pertenecientes al anterior faraón egipcio, nombrándose a sí mismo "Rey del Alto y Bajo Egipto".

Cambises tuvo que dejar Egipto en la primavera de 522 para hacer frente a una rebelión en Persia. Mientras atravesaba Siria, fue herido, y la herida se volvió gangrenosa. Cambises murió tres semanas después, y dejó su imperio sin un sucesor directo. Así que el trono fue tomado por su hermano menor, Bardia.

Bardia era conocido por los griegos como Esmerdis, y supuestamente, gobernó durante solo algunos meses. La historia del gobierno de Bardia tiene muchas variaciones según las diferentes fuentes. Darío el Grande afirma que Bardia fue asesinado por su hermano, el rey Cambises II, que lo hizo para asegurar su posición en el trono. Heródoto afirma que Bardia fue asesinado más tarde durante la invasión de Egipto y que un impostor ocupó su lugar en la corte. Ambos están de acuerdo en que cierto mago sacerdote de Media se hizo pasar por Bardia y tomó el trono. Parece que las fuentes no se ponen de acuerdo en el nombre de este mago, ya que Darío lo llama Gaumata, Heródoto Oropastes, y según Ctesias, su nombre era Esfendádates. Un grupo de siete nobles persas descubrieron que el nuevo rey era un impostor y conspiraron para matarlo. Fue apuñalado hasta la muerte en septiembre de 522. No se sabe mucho sobre el gobierno del impostor Bardia, pero algunos registros mencionan la exención de impuestos que instauró durante tres años, que fue probablemente la razón por la que nadie se rebeló contra él.

Hoy en día, los historiadores se inclinan a creer que el usurpador Gaumata, fue en realidad el verdadero sucesor del trono, conocido por la historia como el rey Bardia. El mismo Darío inventó la historia del mago que vino de Media y se convirtió en el gobernante falso para justificar el asesinato del rey original y hacer legítimo su golpe. Varios días después de que Gaumata fuera asesinado, Darío fue coronado en Pasargadae.

Darío I, también conocido como Darío el Grande, gobernó como el cuarto rey del Imperio aqueménida desde el 550 hasta el 486 a. C. Durante su gobierno, el imperio estaba en su apogeo. Incluía los territorios de Asia occidental y central, el Cáucaso, los Balcanes, la costa del mar Negro, el valle del Indo, Egipto, las partes septentrionales de África, el este de Libia y la costa de Sudán.

Darío era hijo de un noble que sirvió en la corte persa. Heródoto menciona que era un *doríforo*, un arponero de Cambises II. Muchos historiadores interpretan que era el portalanzas personal del rey.

Heródoto proporciona una historia improbable de la ascensión de Darío. Para decidir quién tomaría la corona después del asesinato de Gaumata, Darío y otros seis nobles acordaron hacer una prueba.

Cada uno de ellos montaría su caballo fuera de los muros del palacio al amanecer. El noble cuyo caballo fuera el primero en relinchar, saludando al amanecer, se convertiría en el nuevo monarca. La historia cuenta que un esclavo llamado Oebares frotó su mano sobre los genitales de una yegua y se acercó al caballo de Darío, que se excitó por el olor y relinchó primero. Las nubes tronaron al mismo tiempo, y los otros seis nobles desmontaron, arrodillándose ante su nuevo rey. Heródoto continúa la historia con Darío levantando una estatua de sí mismo, que presenta a Darío sobre un caballo relinchando con la inscripción "Darío, hijo de Hispas, obtuvo la soberanía de Persia por la sagacidad de su caballo y el ingenioso artificio de Oebares, su criado". Heródoto es conocido por mezclar a menudo el folclore con la historia; por lo tanto, esta historia se considera poco probable, aunque interesante.

Después de la coronación, Darío tuvo que enfrentarse a varias revueltas en todo el país, ya que Bardia tenía muchos seguidores. Elam y Babilonia fueron los primeros en rebelarse, pero Darío no tuvo problemas en terminar estas revueltas, ya que solo le llevó tres meses terminar con la resistencia babilónica. Poco después, ocurrieron algunas revoluciones en Bactria, Persis, Media, Partia, Asiria y en Egipto. Hacia 522, casi todo el imperio se rebeló contra Darío. Sin embargo, con su leal ejército, Darío no tuvo problemas para suprimir las revueltas y rebeliones en solo un año.

En 515, Darío lanzó una campaña para conquistar el valle del Indo, continuando donde su predecesor Ciro se había detenido en 535 a. C. Las áreas exactas que conquistó durante esta expedición no son conocidas, ya que el propio Darío las describe como las tierras de los hindúes. Los estudiosos modernos proponen que esta zona está en el valle medio y bajo del Indo, pero no hay evidencia arqueológica de que los persas estuvieran allí.

En el año 513, Darío tuvo que dirigir su atención hacia los escitas, quienes amenazaron cerrar las rutas comerciales entre Asia Central y las costas del mar Negro. Darío cruzó el mar Negro con su ejército, usando puentes hechos con barcos. Pero antes de entrar en Escitia, conquistó la mayor parte de Europa Oriental. Los escitas emprendieron tácticas de tierra arrasada mientras se retiraban, pero el ejército persa siguió a los escitas en su retirada, con la esperanza de iniciar una batalla abierta.

Hacia el final de su campaña en las tierras escitas, Darío ordenó que se construyeran ocho fuertes, con una distancia de ocho millas entre cada uno. Estos fuertes eran la defensa de la frontera, marcando el final de su progresión en Escitia. Sin embargo, Darío abandonó este proyecto debido al invierno que se acercaba. Para no perder más tropas, Darío dirigió su ejército hacia Tracia. No había logrado llevar a los escitas a un combate abierto, pero los escitas también fracasaron al perder una gran cantidad de tierra a manos de los persas. Darío no pudo asegurar los territorios que conquistó en Escitia, y nunca regresó a ellos. Esta campaña resultó ser un estancamiento muy costoso.

Los griegos que vivían en Asia Menor se sometieron a los persas alrededor de 510, pero también había griegos pro-persas en Atenas. Para atraer a los comerciantes griegos, Darío abrió su corte a todos los que quisieran venir a servir a Persia. Los griegos vinieron y sirvieron como soldados, estadistas y artesanos, pero en su país, el resto del poder griego estaba preocupado por la fuerza del imperio de Darío. Esta preocupación culminaría en un conflicto entre algunas ciudades griegas y el Imperio aqueménida.

El primero en rebelarse fue Mileto, bajo el liderazgo de su gobernante Aristágoras. Poco después, Eretria y Atenas se unieron a él y enviaron sus tropas y barcos para ayudar a Mileto. Quemaron la ciudad de Sardes, pero los persas respondieron rápidamente y pudieron volver a ocupar las islas jónicas y griegas. Tracia y Macedonia declararon su independencia, pero eso no duró mucho. En el año 492, los persas lograron tomar rápidamente el control de ellas. Hasta entonces, Macedonia era un estado vasallo persa que siempre había mantenido su autonomía. Fue solo después de la última conquista que se puso completamente bajo el Imperio aqueménida. Como resultado de las revueltas jónicas, los partidos anti-persas ganaron popularidad en Atenas y Esparta, y expulsaron a sus oponentes políticos que eran pro-persa. Darío respondió a esto enviando un ejército a través de los Dardanelos. Sin embargo, los tracios bloquearon su camino acosándolos hasta que decidieron regresar a Persia. Darío, en su ira, reunió un ejército más grande de 20.000 hombres bajo el mando conjunto del almirante medo Datis y el general persa Artafernes, quienes tuvieron éxito y capturaron Eretria. En 490, los persas se encontraron con el ejército ateniense en la batalla de Maratón. Los persas fueron derrotados, y este evento marcó el final de la primera invasión del Imperio aqueménida a Grecia.

Darío había pasado tres años preparando una segunda invasión al territorio griego; incluso planeaba dirigir la expedición él mismo en lugar de dar la orden a otros. Pero Egipto se rebeló, lo que afectó considerablemente la salud de Darío. En octubre de 486, Darío el Grande murió. Fue embalsamado y enterrado en Naqsh-e Rostam, una necrópolis que construyó a unos doce kilómetros de su capital real, Persépolis.

A Darío I le sucedió su hijo, Jerjes I, o Jerjes el Grande. Su nombre se traduce como "El que gobierna sobre los héroes", y al igual que su padre, reinó sobre el Imperio aqueménida cuando estaba en su apogeo, gobernando del 486 al 465. En la Biblia, se le menciona bajo el nombre de Asuero.

Jerjes era hijo de Darío y Atosa, quien era la hija del primer rey, Ciro el Grande. Esto ayudó a Jerjes a ganar el trono, ya que no era el hijo mayor. Su medio hermano Artobazán quería la corona para sí mismo porque era el mayor de todos los hermanos. Sin embargo, venía de un matrimonio que Darío tuvo con la hija de su portalanzas antes de ascender al trono. Jerjes recibió ayuda del rey espartano que estaba exiliado en Persia, Demarato, quien argumentó que era el primer hijo nacido en un matrimonio real el que tenía derecho al trono, lo que significaba que no era necesariamente el hijo mayor. Jerjes fue coronado en octubre de 486, y tenía alrededor de 36 años en ese momento. Su ascenso al trono fue fácil debido al poder de su madre, a quien ni siquiera Artobazán se atrevió a desafiar.

Poco después de la ceremonia de coronación, Jerjes aplastó a una rebelión en Egipto al colocar a su hermano Aquémenes como gobernador del lugar. En 484, Jerjes confiscó una estatua dorada de Bel (Marduk) de Babilonia y la fundió. Esta acción indignó a los babilonios, que se rebelaron durante los dos años siguientes.

Durante el gobierno de Darío I, los atenienses, naxos y etruscos interfirieron en la revuelta jónica, pero debido a la muerte de su padre, le tocó a Jerjes castigarlos. Jerjes comenzó la preparación para la segunda invasión de Grecia en el 483 y ordenó la excavación de un canal a través del istmo del Monte Athos. Al principio, algunas ciudades griegas se unieron voluntariamente a Jerjes, como Tesalia, Tebas y Argos. Jerjes inició los ataques a los territorios griegos en 480, y los persas salieron victoriosos en estas batallas, en parte porque Jerjes dirigió el ejército persa él mismo.

Heródoto exagera el número de su ejército en más de un millón de hombres, pero los investigadores modernos estiman que se trataba de unos 60.000 hombres. Heródoto también nombra a la infantería de élite persa como los Inmortales y afirma que Jerjes tenía 10.000 de ellos. Los Inmortales sirvieron como una guardia imperial de élite, pero también como un ejército permanente, esperando ser llamados a la batalla si era necesario. Jugaron un rol importante en la venidera batalla contra los griegos.

Jerjes es probablemente más conocido por su papel en la batalla de las Termópilas, que tuvo lugar durante tres días en agosto o septiembre del 480 a. C. Las fuerzas aliadas de las ciudades griegas, bajo el liderazgo del rey espartano Leónidas, se enfrentaron a los ejércitos persas de Jerjes I en el paso de las Termópilas. La idea inicial del general griego Temístocles era bloquear la ventaja persa en el paso de las Termópilas y luchar simultáneamente contra la armada persa en las aguas poco profundas de Artemisio, un cabo en el norte de Eubea, Grecia.

El ejército persa marchó hacia Grecia y fue recibido por 7.000 hombres griegos que bloqueaban el paso. El ejército griego fue superado ampliamente en número, ya que la fuerza persa se situaba entre 60.000 y 150.000, pero aguantaron durante siete días (de los cuales solo tres días fueron de combates reales). Después del segundo día de batalla, un soldado griego llamado Efialtes traicionó a sus compatriotas y reveló a los persas un pequeño camino que les llevaría justo detrás de las fuerzas griegas. Al darse cuenta de que sus ejércitos estaban flanqueados, Leónidas eligió mantener su posición y luchar hasta la muerte junto con 300 espartanos y 700 tespios, que custodiaban la retirada del resto del ejército griego. Existen reportes que afirman que otros miembros de las fuerzas aliadas griegas se mantuvieron firmes con los espartanos y los tespios, como por ejemplo los ilotas y los tebanos, sin embargo, se rindieron casi inmediatamente.

Al mismo tiempo, una batalla naval tuvo lugar en Artemisio, donde el ejército griego bajo Temístocles bloqueó el paso de la armada persa. Al oír que el paso de las Termópilas se había perdido, Temístocles decidió retirarse; para que las tácticas de Grecia funcionaran, se hubiese necesitado mantener el control sobre ambos pasos. Los barcos griegos se retiraron a la isla de Salamina, y los persas invadieron la región de Beocia y capturaron también Fócida, Ática y Eubea. Sin embargo, la flota griega atacó a los persas en la batalla de Salamina y ganó.

Para evitar quedar atrapado en Europa, donde no tenía puntos de apoyo, Jerjes tuvo que regresar sus fuerzas a Asia. Perdió la mayor parte de su ejército debido al hambre y la enfermedad. Dejó a Mardonio, un comandante militar, con parte del ejército persa para completar la invasión de Grecia, pero al año siguiente, el ejército griego aniquiló por completo a los persas en la batalla de Platea. Esta batalla puso fin a la invasión persa.

La batalla de las Termópilas fue un ejemplo de patriotismo en la literatura moderna y antigua. Aunque muy romantizada, esta batalla fue un símbolo de amor por el país y la voluntad de defenderlo. Esta batalla es, de lejos, uno de los enfrentamientos militares más famosos de la historia antigua de Europa, ya que se hace referencia a ella en todas las esferas de la cultura, ya sea antigua o reciente.

Jerjes era conocido por su ira, y al recuperar el cuerpo del rey espartano Leónidas, ordenó que fuera decapitado y crucificado. Esto era inusual para los persas, ya que normalmente trataban a sus valientes enemigos con respeto. Después de que los persas abandonaran el paso de las Termópilas, los griegos volvieron a enterrar a sus soldados caídos y a erigir una estatua de un león dedicada a Leónidas. Los espartanos tardaron cuarenta años en recuperar los huesos de su rey y darle un entierro adecuado con todos los honores. En su memoria, iniciaron una tradición de juegos fúnebres que se celebraban cada año.

Sobre el túmulo de los espartanos en el lugar de la batalla, se levantó una piedra con un epitafio para conmemorar el evento. Está escrita por Simónides, un poeta griego, y dice, "Caminante, informa a los lacedemonios que aquí yacemos por haber obedecido sus mandatos". Los griegos a menudo se referían a los espartanos como lacedemonios debido al nombre de la región donde se encontraba Esparta, y por "obedecer a sus mandatos" significa que lucharon hasta la muerte, como les ordenó el rey Leónidas.

Jerjes fue asesinado en agosto de 465 por el comandante de sus guardaespaldas reales, Artabano, que contaba con la ayuda de un eunuco que servía en su harén. Artabano planeaba derrocar a la dinastía aqueménida, y después del asesinato, colocó a sus siete hijos en posiciones clave en la corte. Artabano se convirtió en el regente de Persia durante 465 y 464. No se sabe con certeza si Artabano también mató al príncipe heredero Darío, hijo de Jerjes, o si lo acusó de parricidio dejando su ejecución al pueblo. Sin embargo, es cierto que tanto Jerjes como Darío perdieron sus vidas alrededor del mismo tiempo. La dinastía de Artabano es incierta, ya que algunos informes afirman que él nombró a Artajerjes I como rey pero que actuó como regente del imperio, mientras que otras fuentes dicen que él reclamó el trono para sí mismo, deseando acabar con la dinastía real. Sin embargo, debido a la traición del general Megabizo, Artabano encontró su fin por la espada de Artajerjes.

Jerjes I fue sucedido por su tercer hijo, Artajerjes I, que gobernó desde 465 hasta 424. Durante su reinado, el elamita dejó de ser la lengua del gobierno; en cambio, se popularizó el arameo. Además, el calendario solar reemplazó al antiguo calendario nacional mientras él era el rey. La principal religión del estado bajo Artajerjes era el zoroastrismo.

Al principio de su gobierno, Artajerjes tuvo que hacer frente a las revueltas en Egipto, que duraron seis años (de 460 a 454 a. C.). La revuelta fue liderada por Inaros II, el hijo de un príncipe libio. Con aliados de Atenas, Inaros II derrotó al ejército persa y sitió Menfis. Bajo el mando de Megabizo, el ejército persa puso fin al asedio de la ciudad, derrotando a Inaros en 454, quien fue capturado y entregado a Susa, donde fue ejecutado.

Artajerjes dio continuación a la ambición de su padre de conquistar toda Grecia, y empleó nuevas tácticas contra Atenas. Financió a los enemigos de Atenas con la esperanza de debilitarla lo suficiente para que se rindiera. Sin embargo, esta estrategia provocó una serie de conflictos. Los griegos formaron la Liga de Delos en el año 478, durante la segunda invasión persa, la cual fue una alianza formada por 150 a 300 ciudades griegas bajo el liderazgo de Atenas. Las guerras entre la Liga y el Imperio aqueménida fueron solo una continuación de las guerras greco-persas iniciadas por Darío I. En 451, la Liga de Delos atacó a Chipre bajo el mando de Cimón, un general ateniense. Su flota era de 200 barcos de atenienses y sus aliados. Asediaron la ciudad-estado de Kition en Chipre, donde murió Cimón. Debido a la falta de provisiones, la Liga tuvo que retirarse hacia Salamina. Los persas atacaron a las fuerzas de la Liga que salían de Salamina tanto por mar como por tierra. La Liga resultó finalmente victoriosa, y con la derrota de los ejércitos de Artajerjes, finalmente llegaron al fin las guerras greco-persas en 449. Ambas partes firmaron un tratado de paz que incluía la autonomía de todas las ciudades griegas y la prohibición de que los ejércitos persas entraran en tierras o territorios marítimos griegos. Además, los atenienses no debían enviar tropas a los territorios persas.

Artajerjes I murió en el año 424 y fue inmediatamente sucedido por su único hijo legítimo, Jerjes II, quien fue asesinado después de 45 días por su medio hermano, Sogdiano, quien gobernó por poco más de seis meses. Sogdiano encontró su fin por la mano de su medio hermano Oco, quien tomó el nombre de Darío II en su coronación.

Darío II gobernó el Imperio aqueménida de 423 a 404. No hay muchas fuentes que describan el reinado de Darío II. Se sabe que hubo una rebelión liderada por los medos en el 409, y una mención del nombre de Darío en las intrigas del harén. Algunas fuentes lo describen como dependiente de su esposa Parisátide, una hija ilegítima de Artajerjes I, con quien Darío tuvo cuatro hijos. Su hijo favorito era Ciro, y ella usó su influencia para darle el mando sobre Anatolia occidental mientras estaba en su adolescencia.

Darío II ordenó a sus sátrapas en Asia Menor, Tisafernes y Farnabazo, que atacaran Atenas. Los sátrapas persas se aliaron con Esparta y comenzaron una guerra, que terminó con la derrota de Atenas en 404. Durante el mandato de Darío, Persia logró conquistar una gran parte de Jonia. Sin embargo, poco después, Darío II murió en Babilonia por enfermedad. Mientras estaba en su lecho de muerte, su esposa Parisátide le rogó que coronara a su segundo hijo mayor, su favorito Ciro, pero él se negó.

Artajerjes II heredó el trono, y arrestó a su hermano menor Ciro, que planeaba asesinarlo. Él se preparaba para ejecutar a Ciro cuando su madre intervino y rogó a Artajerjes que le ahorrara la vida a su hermano. Ciro se salvó y se le dio el control de Lidia, donde preparó una rebelión. Empleó mercenarios griegos conocidos como los "Diez Mil" para tomar el trono de su hermano por él.

Los Diez Mil lucharon en la batalla de Cunaxa contra los persas en el 401. Jenofonte, un historiador griego, informa que los persas tenían miedo de los mercenarios y que al final de la batalla, los Diez Mil solo tenían un hombre herido. Sin embargo, Ciro murió en esa batalla, y al no tener un patrón, los mercenarios decidieron poner fin a la campaña y regresar a Grecia. Al principio, trataron de encontrar un nuevo empleador que los contratara para terminar el trabajo que Ciro había comenzado. Ofrecieron sus servicios a Ariaeus, un general que estaba aliado con ellos, pero él se negó, afirmando que no podía ser el rey persa porque no era de sangre real. Los Diez Mil se acercaron entonces a Tisafernes, el sátrapa de Lidia, pero él también los rechazó. Para evitar el conflicto con los mercenarios, Tisafernes financió su regreso a casa.

Artajerjes se involucró en una nueva guerra contra los espartanos, la guerra de Corinto, que duró de 395 a 387. Agesilao II, el rey espartano, comenzó a invadir Asia Menor en 396. Artajerjes sobornó entonces a los estados griegos, en particular a Atenas, Tebas y Corinto, para iniciar una guerra con Esparta. Estos sobornos se pagaban en dáricos, la principal moneda del Imperio aqueménida, y fueron el medio para iniciar la guerra de Corinto. En la batalla de Cnido en 394, los persas, con la ayuda de la aliada Atenas, consiguieron derrotar a la flota espartana. Los persas aumentaron la presión sobre Esparta, atacando la costa del Peloponeso. Atenas se sintió suficientemente fuerte como para retomar a algunas de las ciudades griegas de Asia Menor bajo su regazo. Esto preocupó a Artajerjes, ya que el poder de Atenas creció repentinamente.

En 386, Artajerjes hizo un trato con Esparta y traicionó a sus aliados. En el Tratado de Antalcidas, que puso fin a la guerra de Corinto en 387, obligó a sus antiguos aliados a devolver las antiguas ciudades-estado griegas de Jonia y Eolia en Anatolia al Imperio aqueménida. También le dio a Esparta el poder sobre los territorios griegos continentales.

En 385, Artajerjes emprendió una campaña contra los cadusios, una antigua tribu iraní. Las fuentes no ofrecen razones para esta campaña, pero se cree que fue para detener una revuelta y hacerles pagar tributo a Persia. Plutarco, un biógrafo griego, describe esta campaña, diciendo que el ejército persa, que contaba con alrededor de 300.000 soldados de infantería y 10.000 caballeros, se adentró en las tierras de los cadusios, pero la región montañosa de estas tierras no tenía alimentos para sostener tal ejército y pronto comenzaron a morir de hambre. Al principio, se comieron sus provisiones, pero más tarde, tuvieron que comerse sus propias monturas. A Tiribazo, un general persa, se le ocurrió la idea de dividir las tribus cadusias, convenciendo a sus líderes de que sus oponentes enviaban mensajeros para unirse al ejército persa. Todos se sometieron a Artajerjes, lo que puso fin a la campaña cadusia.

Durante el reinado de Artajerjes II, Egipto logró recuperar su independencia. Todo comenzó con una revuelta que fue organizada durante los primeros años de su reinado. En 373, Artajerjes envió una expedición para recuperar Egipto, dirigida por Farnabazo, un sátrapa de Frigia, e Ifícrates, un general ateniense que comandaba un grupo de mercenarios. Debido a la desconfianza entre los dos generales y a las inundaciones anuales del Nilo, los persas perdieron lo que se suponía que era una victoria fácil. Este evento fue el final de la carrera de Farnabazo. La segunda expedición al Egipto fue liderada por Datames, un sátrapa de Capadocia, pero él también fracasó.

Esta derrota en Egipto fue la chispa que encendió la inquietud entre la nobleza aqueménida. En 372, este descontento culminó con la Gran Revuelta de los Sátrapas contra Artajerjes. Datames, el sátrapa que fue enviado para el segundo intento de recuperar Egipto, sintiéndose repentinamente expuesto a demasiado riesgo en la corte real debido a las maquinaciones de su oponente, abandonó entonces su lealtad al rey persa y comenzó una revuelta volviendo a Capadocia con sus tropas, logrando persuadir a los sátrapas de Persia para que se rebelaran también. Egipto financiaba abiertamente esta rebelión contra Artajerjes, pero el rey persa logró ponerle fin en el año 362. No mucho después de estos eventos, la leyenda dice que Artajerjes II murió con el corazón partido por el comportamiento de sus hijos.

Cuando Artajerjes II murió en 358, le sucedió su hijo Artajerjes III, que gobernó hasta 338 a. C., llegando al poder después de que su hermano mayor fuera ejecutado y el otro se suicidara. Para asegurar su corona, Artajerjes III asesinó a más de ochenta miembros de su familia.

Al tomar el trono, Artajerjes III tuvo que enfrentarse a la rebelión de Artabazo II, el sátrapa de Frigia, que reunió aliados para luchar por su independencia. Entre los aliados de Artabazo estaban Atenas, Tebas y Misia. Con tal fuerza, Artabazo logró derrotar al ejército real persa en 354. Pero al año siguiente, el ejército de Artajerjes regresó y derrotó a Artabazo, quien se refugió con Filipo II de Macedonia.

En 351, Artajerjes lanzó una nueva campaña para recuperar Egipto. Tras un año de lucha contra el faraón egipcio Nectanebo II, los persas sufrieron una derrota y se vieron obligados a retirarse. Al mismo tiempo, comenzó una rebelión en Asia Menor, y Artajerjes tuvo que abandonar sus planes de retomar Egipto, al menos por el momento.

Las rebeliones en Chipre y Sidón tenían como objetivo hacer sus estados independientes, y tuvieron cierto éxito en las primeras etapas de su levantamiento cuando derrotaron al ejército persa liderado por Idieus, el sátrapa de Caria. Pero después de esta derrota, Artajerjes reunió un gran ejército de más de 300.000 hombres, incluyendo un gran número de mercenarios que contrató y los ejércitos griegos que vinieron a ayudar. El rey persa tuvo éxito esta vez, logrando aplastar completamente a la rebelión. Sidón fue completamente quemada, pero las fuentes no están claras si el ejército persa quemó la ciudad o dañó a sus ciudadanos. Sin embargo, se estima que hubo al menos 40.000 muertes de civiles. Después de la caída de Sidón, Artajerjes vendió sus ruinas a especuladores que esperaban sacar varios tesoros de las cenizas.

Después de terminar con la rebelión, Artajerjes volvió a sus planes de retomar Egipto. En el año 343, reunió un ejército de 330.000 persas, 14.000 griegos, 4.000 mercenarios, 3.000 hombres enviados por Argos y 1.000 de Tebas. El faraón Nectanebo II logró resistir a este ejército durante algún tiempo con sus 100.000 hombres. Su posición táctica le daba una buena oportunidad de luchar, pero el faraón no tenía generales capaces de dirigir su ejército, así que fue derrotado. Nectanebo huyó a Menfis y luego continuó hacia Etiopía. Después de conquistar Egipto, Artajerjes comenzó a saquear sus templos y a aterrorizar a sus ciudadanos. Subió los impuestos sobre Egipto y persiguió su religión nativa con la esperanza de debilitarla para que nunca más se rebelaran contra el Imperio aqueménida. Egipto permaneció bajo control persa durante los siguientes diez años hasta que Alejandro Magno finalmente lo conquistó.

Artajerjes pasó los últimos años de su reinado en paz, ya que no hubo rebeliones en su imperio. Sin embargo, el poder que Filipo II de Macedonia logró reunir pidió una respuesta persa. Artajerjes trató de influir en los vecinos de Macedonia en un esfuerzo por limitar el poder de Filipo. Pero Filipo ya había comenzado a planificar la invasión de Persia, esperando que los griegos se unieran a él como aliados.

Artajerjes III murió de causas naturales en el año 338, aunque Diodoro de Sicilia afirma que fue por envenenamiento de un eunuco llamado Bagoas, quien era su propio médico.

El siguiente rey del Imperio aqueménida fue Artajerjes IV, también conocido como Arsés (gobernó del 338 al 336). Era el hijo menor de Artajerjes III, pero como todos sus hermanos mayores habían muerto antes de que él se convirtiera en rey, Arsés se convirtió en el nuevo rey. Se cree que el eunuco Bagoas quería convertirse en un creador de reyes, por lo que colocó al joven Arsés en el trono, creyendo que podría controlar al inexperto rey. Al no poder controlarlo, Bagoas decidió envenenar a Arsés también y puso en el trono a Darío III, el primo de Arsés. Durante este tiempo, Filipo II de Macedonia consiguió la alianza que buscaba con los griegos en sus planes para invadir Persia.

Darío III gobernó desde 380 hasta julio de 330 a. C. Los historiadores griegos dicen que Darío envenenó a Bagoas y lo vio morir una vez que se enteró del destino de su predecesor. Durante el gobierno de Darío, el imperio se vio afectado por constantes rebeliones, ya que los sátrapas estaban celosos del poder de cada uno y se entregaban a las intrigas y a las conspiraciones.

En el año 336, la Liga Helénica, también conocida como la Liga de Corinto (una confederación de estados helenos establecida por Filipo II), autorizó a Filipo II de Macedonia a iniciar una campaña militar contra el Imperio aqueménida por destruir y quemar los templos de Atenas durante las guerras persas que habían tenido lugar más de un siglo antes. Pero la campaña de Filipo se suspendió rápidamente debido a su muerte. Sin embargo, logró recuperar algunas ciudades griegas en Asia Menor que estaban bajo el dominio persa, aunque fue asesinado poco después.

A Filipo le sucedió su hijo, Alejandro Magno, quien invadió Asia Menor en el año 334. Alejandro salió victorioso contra los persas en sus primeras batallas. La batalla de Gránico, en 334 a. C., se desarrolló cerca de Troya y marcó la caída del Asia Menor bajo el gobierno de Alejandro Magno. Esta fue una de las tres grandes batallas que llevaron a la caída del Imperio aqueménida. Darío III no participó en estas primeras batallas, dejándolas en manos de los sátrapas persas en Asia Menor. Un año más tarde, en el año 333, Darío apareció en la batalla de Issos, donde sus fuerzas finalmente se enfrentaron al ejército macedonio de Alejandro. A pesar de que los persas superaban a sus oponentes en número dos a uno, fueron flanqueados y obligados a retirarse. Sin embargo, el comienzo de la batalla no fue tan bueno para el ejército de Alejandro. Los historiadores informan que los macedonios perdieron 128 oficiales en el primer enfrentamiento militar. Alejandro tomó el control de la batalla, montando su caballo y atacando directamente a Darío y sus guardaespaldas, que se vieron obligados a huir. Al ver que el rey persa se retiraba, los mercenarios griegos fueron los primeros en abandonar la batalla, seguidos por el resto del ejército persa. La caballería de Alejandro continuó persiguiendo a los persas mientras duró el día.

La esposa de Darío, Estatira I, fue capturada después de la batalla, así como sus hijas y la madre de Darío, que lo había seguido en su lucha por las tierras. Se dice que Alejandro trató a las mujeres capturadas con gran respeto; incluso se casó con la hija de Darío, Estatira II. Darío escribió cartas a Alejandro pidiendo que le devolviera su familia, pero Alejandro se negó a liberarlos mientras Darío se negara a reconocerlo como el nuevo rey de Persia.

La tercera y última batalla que marcó el fin del Imperio persa ocurrió en el año 331, y tuvo lugar cerca de la ciudad de Gaugamela.

El ejército de Darío fue superado en número por los macedonios, y los enfrentamientos iniciales fueron a su favor. Él ya estaba en el campo de batalla con sus fuerzas, esperando la llegada de Alejandro Magno. Una vez más, el propio Alejandro lideró el ataque final en el centro del ejército persa, y destruyó la guardia real de Darío, obligándolo a correr con las tropas que pudiera reunir a su alrededor. Mientras estaba huyendo, Darío dio un discurso para animar a sus combatientes, prometiendo otra batalla en la que tendrían la oportunidad de vengar su pérdida. Planeó reunir otro ejército para ayudarle a luchar contra Alejandro en Babilonia, pero sus sátrapas se negaron a enviarle ayuda.

Darío fue asesinado durante la retirada por uno de sus sátrapas, Bessos, más tarde conocido como Artajerjes V. Al encontrar el cuerpo de Darío, Alejandro se enfadó al ver a su respetado enemigo asesinado de esa manera, y le dio al rey persa un entierro apropiado en Persépolis. Al año siguiente, Alejandro capturó y mató a Bessos, y el resto de los sátrapas persas finalmente prometieron su lealtad a Alejandro. Aunque Bessos era miembro de la familia real y se proclamó a sí mismo como el rey de los reyes, Darío es considerado como el último rey del Imperio aqueménida.

Capítulo 8 – El Imperio Seléucida y los Romanos en Anatolia

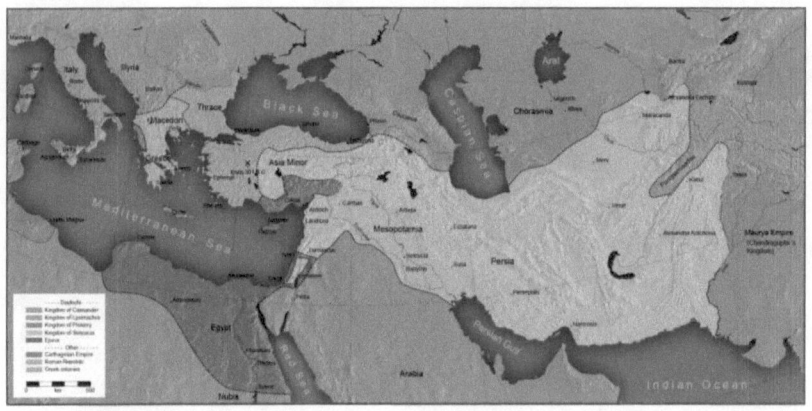

El Imperio seléucida bajo el reinado de Seleuco I Nicátor

Alejandro Magno murió en 323 a. C. en el palacio de Nabucodonosor II, el rey de Babilonia. Las circunstancias de su muerte son desconocidas y no dejó ningún sucesor, aunque su esposa estaba embarazada en el momento de su muerte. El hermano de Alejandro estaba vivo en ese momento, pero no era capaz de gobernar debido a sus problemas de salud mental. De ese modo, siguieron cuarenta años de luchas internas en Macedonia, mientras varios "sucesores" se peleaban entre sí. La unidad de Macedonia dejó de existir y el reino se quedó dividido en cuatro más pequeños:

Egipto Ptolemaico, Mesopotamia Seléucida y Asia Central, Anatolia Atálida y Macedonia Antigónida.

El Imperio seléucida fue fundado en 312 por Seleuco I Nicátor, cuya dinastía gobernó las tierras hasta el año 63 a. C. Los seléucidas tomaron el control de Babilonia después de la división de Macedonia, pero se expandieron hasta convertirse en un imperio. En su apogeo, el Imperio seléucida incluía Anatolia central, Persia, Levante, Mesopotamia y partes del actual Kuwait, Afganistán, Pakistán y Turkmenistán.

En el año 301, Seleuco I expandió sus territorios a Anatolia oriental, así como al norte de Siria. Se alió con tres famosos generales que sirvieron bajo Alejandro Magno: Lisímaco, Ptolomeo y Casandro, y se enfrentaron a Antígono, otro general. Las guerras entre ellos son conocidas como las guerras de los Diadochi, que determinarían los límites de los nuevos reinos helenísticos. Más tarde, en el año 281, Seleuco planeó tomar los territorios de su antiguo aliado Lisímaco, expandiendo su reino a Anatolia occidental, pero fue asesinado por Ptolomeo Cerauno, el segundo rey del Egipto ptolemaico que también se coronó rey de Macedonia.

Anteriormente, Seleuco derrotó a Lisímaco en la batalla de Corupedio en 281 a. C. El Reino de Lisímaco se desmoronó, y la capital de Pérgamo fue tomada por Filetauro, un noble y oficial del ejército macedonio. Él fundó la dinastía Attálid de Pérgamo en Anatolia. Aunque Pérgamo estaba oficialmente bajo el dominio de los seléucidas, siguió disfrutando de autonomía bajo el dominio de Filetauro, ya que era él quien tenía el tesoro de Lisímaco. Utilizó toda la riqueza que adquirió al tomar la ciudad para ganar influencia y extender su poder más allá de la ciudad. Defendió la ciudad de los galos y construyó fortificaciones y templos, ganando así prestigio y confianza entre sus súbditos.

Su sucesor Éumenes I fue el que obtuvo la completa independencia del Imperio seléucida en 263 a través de una serie de rebeliones organizadas. Éumenes extendió las fronteras del reino al sur del río Caisco, hasta el golfo de Cime. Durante la existencia del

Reino de Pérgamo, hubo constantes guerras por territorios contra el Imperio seléucida, y las fronteras del reino cambiaban con frecuencia. Durante el reinado de Atalo I, quien gobernó del 241 al 197, el reino perdió todos sus territorios y se redujo a la ciudad de Pérgamo. Durante la primera guerra de Macedonia en 214, el Reino de Pérgamo se alió con los romanos y apoyó a Roma en todas sus guerras futuras. El último rey de la dinastía de los atalíes, Atalo III, murió en 133, dejando su reino al pueblo de la República romana.

Antíoco I Soter, hijo de Seleuco I, heredó el trono, pero no pudo cumplir los planes de expansión de su padre. Durante el reinado de Antíoco I Soter y de su hijo Antíoco II Teos, Asia Menor estuvo bajo constante guerra. La lucha por el territorio no fue solo con Ptolomeo II de Egipto, ya que las invasiones celtas también comenzaron a aumentar. Varias provincias consiguieron la independencia durante este periodo, incluyendo Capadocia, Bactria y Partia. La cultura helenística estaba floreciendo en las regiones recién liberadas, y Bactria incluso se alió con los griegos y formó el Reino greco-bactriano.

Seleuco II Calinico, el siguiente sucesor al trono, perdió aún más del territorio seléucida. Dividido entre la guerra contra Ptolomeo III y la guerra civil contra su propio hermano, Seleuco II fue incapaz de mantener el control en Pérgamo. La dinastía atálida gobernó en Pérgamo una vez más durante los años 230. Se perdieron aún más territorios de Asia Menor, y los galos se establecieron en Galacia en las tierras altas de Anatolia central.

Sin embargo, el hijo de Seleuco II, Antíoco III el Grande, insistió en recuperar los antiguos territorios del imperio seleuco. Tomó el trono en 222, después de su hermano Seleuco III, y casi inmediatamente comenzó una nueva guerra, la cual perdió. A pesar de que fue derrotado en un frente, pasó los siguientes diez años siendo victorioso y teniendo éxito en la devolución de antiguos territorios a su reino, como Bactria y Partia. Después de someter estos territorios, se alió con Filipo V de Macedonia para conquistar y dividir los territorios del Egipto ptolemaico. Durante otra guerra, que duró de 202 a 195, Antíoco III derrotó a Ptolomeo V y obtuvo el control de Celesiria.

Esta situación no duró mucho tiempo. El aliado de Antíoco, Filipo V, fue derrotado por los romanos en 197, quienes atacaron Macedonia, argumentando que estaban liberando las ciudades-estado griegas. Al ver la oportunidad de apoderarse de algunos territorios macedonios, Antíoco envió una fuerza militar, pero Roma creó nuevas e innovadoras tácticas de guerra que el ejército seléucida no pudo igualar. Antíoco fue derrotado en dos grandes batallas, las Termópilas en 191 y la Magnesia en 190. Se vio obligado a firmar el Tratado de Apamea en 188 a. C., haciendo las paces con Roma. La cláusula principal de este tratado era que los seléucidas se retiraran completamente de Anatolia y nunca más entraran en los territorios al oeste de las montañas de Tauro. Las antiguas tierras del Imperio seléucida en Anatolia fueron entregadas a los aliados de Roma, principalmente Rodas y Pérgamo.

El no tomar los territorios de Anatolia para sí mismo podría verse como un acto de generosidad por parte de Roma, sin embargo, al dividir las tierras entre sus aliados, Roma se aseguró de que ninguno de ellos se volviera lo suficientemente poderoso para representar una amenaza. De esta manera, Roma también se aseguró de seguir involucrada en todos los asuntos de Anatolia.

Las siguientes décadas fueron bastante pacíficas en Anatolia, y Roma no se inmiscuyó en sus asuntos en gran medida, pero aun así fue una fuerza que protegió la libertad de sus aliados y los nuevos reinos que surgieron después de que los seléucidas abandonaran estos territorios. Los gálatas eran el único problema que quedaba en Anatolia, ya que a menudo organizaban incursiones, hasta la guerra contra Bitinia. En ese momento, el gobernante de Bitinia era Prusias I, quien, durante la guerra romana contra Antíoco III, no quiso escoger un lado, y de hecho logró mantenerse neutral. No se sabe qué fue lo que inició la guerra, pero fue concluida en 183.

Roma tenía el control total sobre los gobernantes de Anatolia, y aunque no tenían tierras propias, promulgaron su influencia en los eventos concernientes a Anatolia. La primera provincia que Roma adoptó oficialmente fue en 133 cuando el rey Atalo III dejó Pérgamo en herencia a los ciudadanos de Roma.

En el año 91 a. C., Roma tuvo que centrar su atención en su tierra natal debido al estallido de la Guerra Social. El Reino del Ponto vio la oportunidad de expandir sus territorios, ya que los reinos de Anatolia carecían de la protección de Roma. El primer ataque de Mitrídates VI del Ponto fue contra el Reino de Bitinia, el cual fue conquistado. Tuvo ayuda de algunas de las ciudades griegas de Anatolia que se estaban rebelando contra Roma. Un filósofo griego, Metrodoro de Escepsis, conocido por su odio a los romanos, aconsejó a Mitrídates que asesinara a todos los civiles romanos que habitaban la región, incluyendo mujeres y niños. Esta acción, aseguró al rey, destruiría el dominio de Roma sobre las tierras de forma permanente. La fecha de la masacre no se conoce con exactitud, pero se presume que ocurrió alrededor de mayo de 88 a. C. Algunos historiadores romanos afirman que 88.000 personas fueron asesinadas, mientras que otras fuentes van incluso más allá en cantidad.

Esta masacre provocó a Roma hasta tal punto que inmediatamente proclamaron la guerra a Mitrídates y sus aliados griegos. Las relaciones entre los griegos y los romanos nunca fueron las mismas después de estos eventos, y las ciudades griegas perdieron su protección romana. El cónsul romano Lucio Cornelio Sila sitió Atenas, que se había puesto del lado de Mitrídates. Los ejércitos de Sila asaltaron la ciudad y tomaron su puerto en el Pireo, destruyéndolo completamente.

Sila y Mitrídates se enfrentaron con sus ejércitos en dos prominentes batallas: la batalla de Queronea (86) y la batalla de Orcómeno (85). En ambas batallas, Roma salió victoriosa, y Sila obligó a Mitrídates a firmar un tratado de paz. El Tratado de Dárdano, firmado en 85, volvió a dejar todo como estaba antes de la guerra. Esto significa que Mitrídates tuvo que devolver las provincias de Bitinia, Capadocia y Paflagonia a Roma y pagar una indemnización de guerra con sus propias riquezas. El tratado fue firmado apresuradamente, ya que Sila tuvo que regresar a Roma y lidiar con una rebelión.

Mitrídates también tuvo que lidiar con una rebelión en su propio reino. Preparó un gran ejército para hacer frente a la rebelión en Cólquida, un área en la actual Georgia. Sin embargo, el general romano Lucio Licinio Murena, que había permanecido en Asia Menor con su guarnición, vio los preparativos del ejército póntico como una amenaza para los ciudadanos romanos de Capadocia. No confió en Mitrídates y atacó su reino con la excusa de impedir otra masacre de romanos, iniciando así la segunda guerra mitridática, que duró de 83 a 81. Finalmente, Murena invadió los territorios del Reino del Ponto, y Mitrídates creyó que lo hacía bajo el mando de Roma. Mitrídates respondió atacando pueblos romanos y se encontró con Murena en el campo de batalla. El rey del Ponto derrotó a Murena, quien tuvo que huir y buscar refugio en Frigia. Sila no aprobó este ataque a Mitrídates, ya que no quería romper el tratado. La guerra terminó con Mitrídates haciendo un trato con el rey de Capadocia, Ariobarzanes I. Devolvió algunos de los territorios de Capadocia, pero se quedó con la mayor parte de lo que había conquistado. Como señal de paz, Mitrídates prometió a su propia hija, de solo cuatro años, a Ariobarzanes.

La tercera guerra mitridática, que tuvo lugar entre 73 y 63, fue la última y más larga guerra entre el Reino del Ponto y la República romana. Sila murió en 78, por lo que el más fuerte promotor de la paz entre las dos naciones desapareció. El senado romano decidió no ratificar el Tratado de Dárdano, ya que la opinión general de Roma era que Sila fue demasiado generoso al redactar el tratado y que Mitrídates no merecía conservar todos los territorios de su reino. Esto enfureció a Mitrídates, quien decidió no esperar a que los romanos llegaran a su reino. Atacó Bitinia, que acababa de ser dejada en herencia a Roma tras la muerte de su último rey, Nicomedes IV. Roma envió dos generales para oponerse a Mitrídates, Lucio Licinio Lúculo y Marco Aurelio Cotta. Pero Mitrídates derrotó a Cotta en la batalla naval de Calcedonia en el 74, atrapándolo dentro de las murallas de la ciudad sin otra opción que esperar a que Lúculo viniera a rescatarlo. Lúculo llegó y sitió al ejército de Mitrídates, que estaba ocupando la ciudad de Cícico en ese momento. El hambre y la peste obligaron a Mitrídates a retirarse a su Reino del Ponto, pero fue perseguido por Lúculo y su ejército, y una batalla final tuvo lugar en el Ponto, cerca de la ciudad de Cabira. El ejército romano salió victorioso, y Mitrídates tuvo que correr por su vida a Armenia.

En Armenia, Mitrídates convenció a su suegro Tigranes II para que no lo entregara a Roma y se preparara para la guerra. Los armenios perdieron todas las batallas contra Roma, pero hubo algunos disturbios en los rangos romanos. Pompeyo el Grande había subido al poder y quería reemplazar a Lúculo como general del ejército romano durante la tercera guerra mitridática. A través de intrigas e incitando a la inquietud en los ejércitos de Lúculo, Pompeyo fue enviado por el senado para tomar el mando.

En la batalla de Lico en 66, Pompeyo tuvo su primera victoria sobre Mitrídates, pero la batalla decisiva fue en 65 a orillas del río Abas. Aquí es donde Pompeyo derrotó a los principales aliados de Mitrídates, haciéndolos incapaces de dar más apoyo al rey del Ponto. Después de este golpe final, Mitrídates VI huyó a Crimea, donde reunió un pequeño ejército en otro intento de recuperar su reino perdido. Incluso su hijo, Farnaces II, el rey del Bósforo cimerio, se negó a ayudarle, ya que Roma acababa de reconocer su reino. Mitrídates decidió matar a su hijo y tomar el trono para sí mismo. Sin embargo, su hijo menor, enfurecido por las acciones de su padre, reunió al pueblo y lideró una rebelión. Mitrídates no pudo soportar la derrota y la traición de su propio hijo, así que decidió suicidarse. Su muerte en 63 a. C. marca el fin de la guerra, y con ella, el Reino del Ponto cayó en manos romanas.

Conclusión

Aún con el creciente poderío de Roma, Anatolia logró mantener su diversidad en la cultura y entrar en la nueva era tan rica como siempre. Disfrutó de una relativa paz desde los tiempos de Roma hasta Constantino el Grande.

Anatolia creció y desarrolló sus regiones, especialmente después de que los impuestos a Roma fueron eliminados bajo el reinado del Emperador Augusto. La agricultura tuvo un gran auge, ya que se hicieron inversiones inteligentes, y no faltó dinero. Roma también construyó carreteras en toda Anatolia, lo que ayudó al desarrollo del comercio con otras partes del mundo. El comercio enriqueció la ya diversa cultura de Anatolia trayendo comerciantes de lugares exóticos como China y varias partes de Europa. Sobrevivió incluso a la caída del Imperio romano y se estableció como un centro del mundo civilizado a través de los logros de Constantino I y del Imperio bizantino.

Aquí es donde la historia marca el final de los tiempos antiguos de Anatolia, una región con una rica cultura que influyó en todo el mundo conocido. Desde los comienzos de la Edad de Bronce hasta el apogeo de la Edad de Hierro, Anatolia disfrutó de una diversidad de idiomas, religiones y etnias, aunque estaba siendo constantemente destruida por las guerras a medida que incontables ejércitos marchaban a través de su territorio. Las poblaciones se desplazaron, ya sea emigrando en busca de tierras más fértiles o siendo reubicadas por reyes despiadados, todas ellas contribuyendo a la tierra viva que es Anatolia.

La historia es rica en esta región, como lo demuestran las constantes excavaciones arqueológicas que se están llevando a cabo. Incluso hoy en día, hay muchos lugares no descubiertos, ciudades enteras que los historiadores todavía están buscando. Algunos de estos lugares fueron probablemente destruidos por las guerras y puede que nunca sean encontrados, pero hay una enorme herencia cultural en Anatolia, la cual es demasiado extensa para que la cubra un solo libro.

Bibliografía

Briant, P. (2006). *From Cyrus to Alexander: a history of the Persian Empire.* Winona Lake, IN: Eisenbrauns.
Bury, J. B., Cook, S. A., & Adcock, F. (1976). *The Assyrian Empire.* Cambridge: Cambridge University Press.
Kuhrt, A. (2010). *The Persian Empire:* London: Routledge.
Matthews, R. (1998). *Ancient Anatolia.* Ankara: The British Institute of Archaeology.
Petrie, W. M. F. (1940). *Hutchinsons story of the nations: containing the Egyptians, the Chinese, India, the Babylonian nation, the Hittites, the Assyrians, the Phoenicians and the Carthaginians, the Phrygians, the Lydians, and other Nations of Asia Minor.* London: Hutchinson & Co.
River, C. (2015). *The Assyrians: the history of the most prominent empire of the ancient near east.* San Bernardino, CA.
Savage, R. (2019). *Mesopotamia: a captivating guide to ancient Mesopotamian history and civilizations, including the Sumerians and Sumerian mythology, Gilgamesh, Ur, Assyrians, Babylon, Hammurabi and the Persian Empire.*
Steadman, S. R., & McMahon, G. (2016). *The Oxford handbook of ancient Anatolia: 10,000-323 B.C.E.* Oxford: Oxford University Press.

Vea más libros escritos por Captivating History

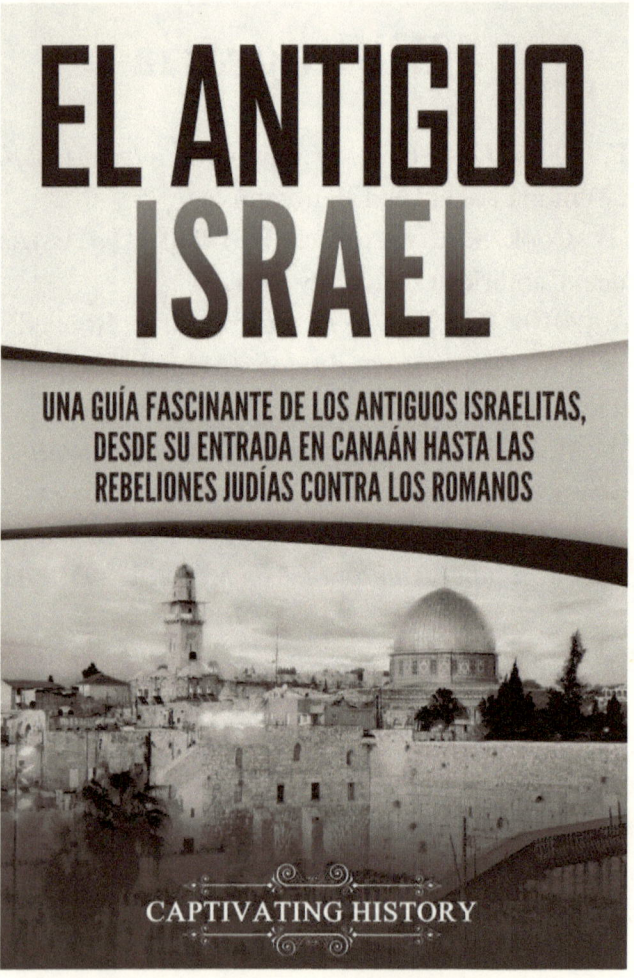